JN033823

日本語の形容詞たち

中村幸弘　著

右文書院

大人の単語帳Ⅰ

105のアプローチから迫る

日本語の形容詞たち

まえがき

日本語の形容詞は、述語になります。述語になるということは、自身の感覚や感情を自身の判断として表明することになるということです。その人がどれほどに的確な感覚を具《そな》えているか、どれほどに繊細な感情を抱いているかが、その判断の表明に直結します。その人がどれほどに的確な感覚を具えているかは、本書にいうク活用系形容詞の語彙量と一致します。その人がどれほどに繊細な感情を抱いているかは、本書にいうシク活用系形容詞の語彙量と一致します。

現代日本語の形容詞は、六百単語以上、七百単語近くあると思います。その歴史を覗《のぞ》きますと、ク活用系形容詞のほとんどが奈良時代からあるものです。シク活用系形容詞のなかにも、同じように奈良時代からのものもありますが、その後生まれて、既に用いられなくなっているものもあります。同じ単語が長く用いられていても、時代によって意味は変遷します。どの言語にも見られるところですが、日本語の形容詞には、それが顕著です。そういう動きを見ながら、時には語群として、時には個々の単語として、それぞれの認識を深めていこうと思います。

国語科の教師になって、しばらくしてから、形容詞の認識が感性の鋭さと相関する、と、しばしば感じました。論理は説明して理解させることができますが、情緒はそうはいかないということです。十数年したころ、国立国語研究所『形容詞の意味・用法の記述的研究』(秀英出版・昭和47年)の存在を知って、形容詞には語義の幅が広いと見えてくるようになりました。ちょうど、その時期、『日本国語大辞典』(小学館・一九七二年)も刊行されて、随筆・小説など、情緒的文章の教材研究として、私《ひそ》かに必ず両書を開いた何年かがありました。本書の発想は、そこにありました。もちろん、本書の関係資料としては、『日本国語大辞典二版』（二〇〇二年）を用いることとなりました。

本書は、日本語の形容詞たちに一歩々々近づいていく姿勢で書き進めることにしました。その結果として、いつかアプローチナンバーが付いていいました。そして、いつか、そのアプローチナンバーを活用して、どのお話はどのお話と関連するのかなど、アプローチナンバーによって、その関係を示して展開、執筆していいました。予告していたり、振り返って確認していたりしていいました。読者の方々にも、そのアプローチナンバーを活用してお読み進めいただきたいと思います。

現代語の背景には、常に古典語がいます。それぞれの用例の本文があります。そこには、仮名遣いの違いが存在します。古典からの引用は当然歴史的仮名遣いですが、どこから現代仮名遣いとするか、ちょっと悩みました。実際に現代仮名遣いとなるのは、昭和二十一年十一月十六日の内閣告示が公布されてからになるわけですが、近代以降はすべて、現代仮名遣いとして引用することにいたしました。中世末や近世の、歴史的仮名遣いに整えきれないものについては、時代が見えてくるように、あえてそのままとしました。出典としての辞書名や作品名については、それと分かるような解説付きにして二重カギ括弧も付けることにしました。作品からの引用については、その作品のその場面が見えるよう、適宜、解説を施すよう努めました。

そうしているうちに、一語々々の形容詞が個性豊かな一人々々に見えてきて、ついに形容詞たちと呼んでいました。かつて敬意を表す接尾語だった「たち」を、書名にまであえて用いさせていただきました。そういうことに厳しかった恩師先輩にお詫びして、一人でも多くの若い世代の方々に読んでいただくことのほうを優先いたしました。殊に、お母さま方に読んで感じ取っていただきたいと思っています。

著　者

目次

日本語の品詞認識の手順

①それだけで文節が作れるのか→ ②活用があるかないか→ ③文の中でどんな役割を果たすか→ ④言い切りの形はどうか

- 単語
  - 自立語
    - 活用がある ― 述語になる ― （用言）
      - ウ段の音で終わる ― 動詞（書く・得る・着る・来る・する）
      - 「い」で終わる ― 形容詞（早い・美しい・遅《おそ》い）
      - 「だ（です）」で終わる ― 形容動詞（静かだ〔です〕・健全だ〔です〕）
    - 活用がない
      - 主語になる ― （体言） ― 名詞（日本・人・一つ・わたし）
      - 修飾語になる
        - 用言を修飾する ― 副詞（すっかり・大変・おそらく・まるで）
        - 体言を修飾する ― 連体詞（この・とんだ・いろんな・あらゆる）
      - 接続語になる ― 接続詞（しかし・だから・そのうえ・ただし）
      - 独立語になる ― 感動詞（まあ・やあ・いいえ・こんにちは）
  - 付属語
    - 活用がある ― 助動詞（考えさせる・叱られる・知りたい・知らぬ）
    - 活用がない ― 助詞（風が・言い聞かせれば・今度こそ・大丈夫《だいじょうぶ》だよ）

日本語の形容詞たち

アプローチ 1

「い。」で言い切られる用言で、ほぼ六百単語の和語——「暑い」「長い」「美しい」「嬉しい」など

現在、学校で学ぶ日本語文法の多くが単語を十品詞に分類していますが、そのうち、一番認識できていないのが連体詞という品詞で、一番誤解されているのが形容詞です。その詳しい事情は、アプローチ**9**でお話しします。

助詞・助動詞は文頭に位置することが絶対にない付属語です。他の八品詞はすべて文頭に位置できる自立語です。自立語のうち、活用する三品詞が用言と呼ばれます。用言の用は活用の用で、動詞・形容動詞という三品詞が、その用言です。そのうち、品詞名として十分には知られていないのが、形容動詞です。それに対して、動詞と形容詞とは、知らない人はいないでしょう。「夏は暑い。」「薔薇の花は美しい。」など、「い。」で言い切られるのが形容詞です。そして、「かろ・かっ／く・い・い・けれ・○」と活用しています。

「暑い」「長い」「美しい」「嬉《うれ》しい」などが、その、日本語の形容詞です。日本語の現代語の形容詞です。古典語の時代の形容詞は、「し。」で言い切られていました。「暑し」「長し」「美し」「嬉し」です。どうして、いま「い。」になっているかをまずお話しいたしましょう。

古典語の時代の「暑し」は、「く・く・し・き・けれ・○」のように活用しました。212ページの活用表も見てください。「き」は連体形です。「暑き夏の日」といったりする「暑き」です。体言といわれる名詞に連なるときの連体形です。その「暑き」の「き」は、古典語の時代から、「暑い」というように「い」

と発音されることもありました。その傾向が現代に近づくにつれて一般的となり、終止形といわれる言い切りの形にまで及んでしまいました。古典語の形容詞「暑し」は、このようにして、現代語の「暑い」となりました。「長し」も、そのようにして、いつか「長い」となりました。「美しい」「嬉しい」も、古典語としては、「美し」「嬉し」でした。それが、「美しい」「嬉しい」となってきているのです。

さて、日本語には、本来の日本語と外来の日本語とがあることを認識したいと思います。それには、外来の日本語を意識するように努めるのがよいでしょう。まず、欧米などから入ってきているカタカナ外来語が、はっきりそれと認識されます。いま一種類あって、その識別に悩む方がいらっしゃいます。それは、漢語です。何度かにわたって中国から入ってきた外来語です。漢字を音《おん》で読む単語はすべてそうで、日本でつくられた漢語もあります。漢字が二字連結していても、漢語でないものもあります。例えば、「神仏《しんぶつ》」は漢語ですが、「神風《かみかぜ》」はそうではありません。「山川《さんせん》」は漢語ですが、「山里《やまざと》」はそうではありません。

いま、そうではありませんといった、その「神風」「山里」は和語です。その「和語」を和語でいうと、「やまとことば（大和言葉・大和詞）」です。現在、単語数として見たときには、何と、和語より外来語のほうが多いのです。それが、現代の日本語です。そのなかで形容詞は、そのほぼすべてが和語なのです。

現代日本語の単語数は、数え方にもよりますが、一般の国語辞典の立項単語数を手掛かりに受けとめると、七万単語ぐらいと見るのが穏やかでしょうか。そのうちの現代語形容詞の単語数は六百単語強、といえましょうか。派生形容詞や複合形容詞もあるので、もうちょっといってもいいでしょうか。

個人が知っている単語の量を語彙量といいます。そのうち、意味は分かるがうまく使えないものを理解語彙といい、使いこなせるものを使用語彙といいます。現代日本の成人の語彙量は、四万単語ぐらいです。そのうちの六百単語へのアプローチです。

アプローチ 2

語尾「い」「しい」の別とその意味の別と——物理の形容詞と心理の形容詞と

和語の用言には、語幹と語尾との別があります。動詞の、例えば「押す」「進める」は、「お（押）」「す（進）」の部分は、どんな活用形になっても変化しません。このような部分を語幹といいます。それに対して、「押す」の「す」の部分は、「さ（そ）・し・す・す・せ・せ」と変化し、「進める」の「める」の部分は、「め・め・める・める・めれ・めろ」と変化します。活用語尾といったり、単に語尾といったりする部分です。形容動詞の「静かな」「豊かな」も、「しず（静）か」「ゆた（豊）か」の部分が語幹で、「な」の部分が「だろ・だっ・（で・に）・だ・な・なら・○」というように変化する活用語尾です。

そこで、形容詞について観察してみましょう。「暑い」「長い」の語幹は、「あつ（暑）」「なが（長）」です。残る活用語尾は「い」で、「○・く・い・い・けれ・○」と変化します。未然形の「かろ」や連用形の「かっ」は、「く」に「ある」が付いたものと見えてきます。ところが、「美しい」「嬉しい」は、どうでしょうか。一般には「美し」「嬉し」を語幹としますが、いま、「うつく（美）」「うれ（嬉）」が語幹で、「しい」が語尾と見ることにしましょう。すると、「○・しく・しい・しい・しけれ・○」と変化します。未然形の「しかろ」や連用形の「しかっ」は、「しく」に「ある」が付いたものと見えてきます。そこで、便宜的に取り扱った、ここでの形容詞の語尾は、「い」となる語群と「しい」になる語群とに分かれることになります。これは、古典語時代のク活用系とシク活用系とが、こういう形で残っているのです。

さて、ここで、たいへん重要なことをお話しします。この「い」が語尾となるク活用系形容詞と「しい」が語尾となるシク活用系形容詞とで、意味のうえに大きな相違を見せるのです。この点が理解できただけでも、今後の文章読解や文章表現に大いに役立つと思います。

検定教科書などでは、どういう単語をどの学年で学習するかが問題になることがあります。語彙学習の学年配当です。昭和四十年代に阪本一郎『教育基本語彙』（牧書店・昭和40年）がありますが、教科書会社などでは、それをベースに各年度修正を加えています。いま、そのうちの小学校低学年に配当されている単語のなかから、形容詞を拾い上げてみました。低学年形容詞はク活用系が多く、シク活用系は限られるのですが、ここでは、ク活用系・シク活の意味の傾向を確かめるためですので、それぞれ、十単語ずつに絞《しぼ》ることにしましょう。

○ク活用系形容詞

青《あお》い・厚《あつ》い・重《おも》い・暗《くら》い・狭《せま》い・遠《とお》い・長《なが》い・速《はや》い・低《ひく》い・丸《まる》い

○シク活用系形容詞

忙《いそが》しい・恨《うら》めしい・悲《かな》しい・悔《くや》しい・寂《さび》しい・楽《たの》しい・懐《なつ》かしい・憎《にく》らしい

恥《は》ずかしい・優《やさ》しい

ここには、語義が平易であって、それぞれの傾向の顕著なものを選びましたので、その形容詞を学習する学年に相当する小学校低学年の児童であっても、それと気づくだろうと思います。ク活用系の形容詞は、空間・時間に存在する物理や状態を感覚で捉えたことばだといえましょう。シク活用系形容詞は、人間の心理や性情を捉えたことばだと見えてきましょう。当面、物理の形容詞と心理の形容詞とでもいっておきましょう。詳しくは、アプローチ**3**を待ってください。

アプローチ
3 属性を表現する形容詞と情意を表現する形容詞と――古代語から見られた傾向

アプローチ**2**において、ク活用系形容詞とシク活用系形容詞との意味の傾向に大きな違いがあることに気づいたと思います。昭和三十年でしたが、「国語学」(23)という学会誌に載った山本俊英論文「形容詞ク活用・シク活用の意味上の相違について」が、たいへん話題になりました。奈良時代・平安時代の具体的な用例に即して、それぞれについて十数パーセントから三十数パーセントの例外を認めながらも、ク活用形容詞は属性概念を表し、シク活用形容詞は情意的な面を表す、といっていると見てよいでしょう。『源氏物語』は、その例外率が最も高いのですが、新たに造語された複合形容詞が加わったからなどともいっています。

形容詞には多様な成立の過程がありますので、奈良時代以来の純粋な形容詞に限って見たときには、ク活用系とシク活用系との傾向は、鮮やかに見えてきます。そこで、その属性ですが、もともと、哲学の術語です。実体あるものがもっている固有の性質を指していいます。その性質を欠くと、そのものではなくなるような性質のことです。そういう性質を表すのに、ク活用系形容詞が用いられる、というのです。一方のシク活用系形容詞は、情意を表す働きをもっている、というのです。情意は、感情と意志とをいいますが、感情を表す、というように見るだけでもいいように思えます。

さて、その論文には、『古今和歌集』のク活用の例とシク活用の例とを引いて、ク活用であっても属性を表していないもの、シク活用であっても情意を表さないものに※印を付けてくれてあります。現代語としては残っていないものもありますが、現代語として、なお生きて活躍しているものもあります。

○『古今集』のク活用の例

あかし（赤）・あかし（明）・あさし（浅）・*あぢきなし・あやなし・*いたし（甚）・*うし（憂）・*うしろめたし・うすし（薄）・うとし（疎）・*おぼつかなし（覚束無）・おもしろし（面白）・かたし（難）・からし（辛）・きよし（清）・くらし（暗）・くろし（黒）・*こころぼそし（心細）・こし（濃）・*さむし（寒）・しげし（繁）・しるし（著）・しろし（白）・すくなし（少）・たかし（高）・たけし（猛）・*たゆし（懈）・ちかし（近）・*つらし（辛）・*つれなし・とし（疾）・とをし（遠）・ながし（長）・なし（無）・ぬるし・*ねたし（妬）・のどけし・はかなし・はやし（早）・はるけし（遙）・ふかし（深）・ふるし（古）・まだし（未）・みじかし（短）・*めでたし・やすし・*よし（良）・をそし（遅）

○『古今集』のシク活用の例

あし（悪）・あたらし（新）・あやし（怪）・いやし（賎）・うらめし（恨）・うれし（嬉）・うれはし（憂）・かしがまし・かなし（悲）・くるし（苦）・こひし（恋）・*さかし・さびし（淋）・すずし（涼）・*ただし（正）・なつかし（懐）・*ひさし（久）・ほし（欲）・*まさし（正）・むなし（空）・めづらし（愛）・やさし（恥）・わびし（侘）・をし（惜）

現代語ではどうなっていくか、追って紹介していくことになります。平安時代から情意形容詞が徐々に増えていくことになりますが、どのようにして生み出されるかなど、観察しながら認識していってください。

アプローチ 4

現代語の属性表現形容詞と情意表現形容詞と——属性は古く、情意には新しい単語も

アプローチ3で紹介した属性を表現する形容詞と情意を表現する形容詞との別についての、山本論文を振り返ってみましょう。ク活用系は属性を表し、シク活用系は情意を表すであろうという仮説を立てて、資料としての作品ごとに調査して報告しているのです。

『古今和歌集』についていうと、ク活用では＊印が十二語で二十四パーセントが例外、シク活用では＊印が五語で二十一パーセントが例外となります。奈良時代の『万葉集』の用例中の例外率より高くなっている、と見ています。そのように例外はあるが、傾向としては、ク活は属性形容詞であり、シク活は情意形容詞だといっているのです。

では、現代語においては、どうなのでしょうか。さきの『古今和歌集』の用例から、現代語に残るものを現代仮名遣いにして現代語形として拾い上げてみます。

○属性形容詞として残るク活用系

赤《あか》い・浅《あさ》い・痛《いた》い・薄《うす》い・遅《おそ》い・清《きよ》い・暗《くら》い・黒《くろ》い・濃《こ》い・寒《さむ》い・白《しろ》い・少《すく》ない・高《たか》い・近《ちか》い・遠《とお》い・無《な》い・長《なが》い・温《ぬく》い・早《はや》い・深《ふか》い・古《ふる》い・短《みじか》い・良《よ》い

○情意形容詞として残るシク活用系

怪《あや》しい・恨《うら》めしい・嬉《うれ》しい・悲《かな》しい・苦《くる》しい・恋《こい》しい・寂《さび》しい・懐《なつ》かしい・欲《ほ》しい・珍《めずら》しい・侘《わび》しい・惜《お》しい

このク活用系は多くが属性形容詞であり、シク活用系の多くが情意形容詞であることについては、実は、アプローチ**2**でも、それと説明することなく、示してきていたのです。その各十単語ずつの用例は、属性と情意との別が鮮やかに見えてくるものばかりを選抜してあります。ただ、それは、あくまでも傾向であって、すべてがそうであるというわけではありません。ク活用系であっても情意を表すものもあり、シク活用系でも属性を表すものもあります。

「面白《おもしろ》い」「はかない」「めでたい」などは、ク活用系ですが、現代語としては情意を表現することになっていますしょうか。「新《あたら》しい」「涼《すず》しい」「久《ひさ》しい」などは、シク活用系ですが、属性を表現することになっていないでしょうか。複合形容詞「心細い」は、後項の「細い」がク活用系であるところからク活用系ですが、情意形容詞であることは容易に理解できると思います。「情け深い」「粘《ねば》り強い」なども、同様の理由によるク活用系情意形容詞ということになります。

単純なク活用系であっても、「恐《こわ》い」「辛《つら》い」「憎い」などは情意形容詞です。なかには、「待ち遠しい」のように本来はク活用系の後項「遠い」をシク活用系「遠しい」にしてしまっている情意形容詞もありました。この「待ち遠しい」については、追って、アプローチ**80**で取り立てます。続いて、「羨《うらや》ましい」「恐ろしい」「輝かしい」は、「羨む」「恐れる」「輝く」という動詞が背景にあります。「馴《な》れなれしい」「よそよそしい」は、同音を繰り返しています。繰り返し語幹の情意形容詞です。

シク活用系情意形容詞は時代が進むにつれて、新《あら》たに生まれてきてもいますが、ク活用系属性形容詞は古く長い歴史あるものが多いのです。そこで、ク活用系属性形容詞は、「小高い」「ほの暗い」のように接頭語を冠したり、「青白い」「薄暗い」「細長い」などのように複合形容詞を生み出したりしてきています。

アプローチ 5

主観的表現形容詞と客観的表現形容詞と——主観客観総合的表現の形容詞も

形容詞を活用という形態の面から捉えると、ク活用系とシク活用系とに、それぞれを明確に分類することができます。しかし、その意味や働きを、明確に分類することは難しいようです。その難しいところを、傾向という視点で捉えた一つが、属性形容詞と情意形容詞との別でした。アプローチ**3**・**4**で見てきました。アプローチ**2**の一部も、それを予告するものでした。

そこで、ここに、いま一つ、その形容詞が誰《だれ》が見てもそう判断されるものか、見る人によって違う判断となるものかによって、区別しようとした国語学者がいました。時枝誠記《ときえだもとき》という人です。この分類も、形態の面での分類の、ク活用系・シク活用系の別が、傾向としては関係します。そして、どちらともなる形容詞も存在することになります。以下、次の用例で、その学説を認識していきましょう。

X1　サルビアの花は赤い。

Y1　冷えている水が欲しい。

右の各用例の「赤い」も「欲しい」も、ともに形容詞です。ただ、その「赤い」は、誰が見てもそう判断されるので、客観的な事実を表現していることになります。それに対して、「欲しい」は、感情や情緒に関する主体の主観的な判断を表現していることになるでしょう。もう一組、引いてみましょう。

X2　針《はり》の穴《あな》は細い。

Y2　母校の教室が懐かしい。

もう、「細い」が客観的表現形容詞であるのに対して、「懐かしい」が主観的表現形容詞であることは、十分に理解できたと思います。

時枝は、その文法観を具体的な古典文読解に適用させた『古典解釈のための日本文法』（至文堂・昭和二十五年）というハンディーな書物に残しています。現代仮名遣いが制定されてはいましたが、この本は、歴史的仮名遣いでした。その単元一二としての「主観客観の総合的表現」において、主観的表現の形容詞と客観的表現の形容詞と、どちらの表現も担う主観客観の総合的表現の形容詞について、具体的な用例を引いて紹介しています。

○主観的表現の形容詞

ほしい・のぞましい・恋しい・はづかしい・うらめしい・なつかしい

○主観客観の総合的表現の形容詞

こはい・にくらしい・さびしい・暑い・すごい・面白い

○客観的表現の形容詞

高い・赤い・はげしい・早い・堅い・細い

ここに引かれた用例からは、まず、シク活用系の「はげしい」がどうして客観的表現の形容詞になるのかが気になります。属性形容詞になってしまっているのでしょうか。続いて、総合的表現の「にくらしい」「さびしい」がどうして客観的表現とされるのか、「こはい」「暑い」「すごい」がどうして主観的表現ともなるのかも、知りたくなってきたことと思います。

アプローチ **6**

主観的客観的両用表現形容詞——「恐《こわ》い」「寂《さび》しい」「すごい」など

漠然《ばくぜん》とではあっても、ク活用系形容詞の多くは属性形容詞であり、また、客観表現形容詞であろうと、多くの人が感じていると思います。そう感じているということは、シク活用系形容詞の多くが情意形容詞であり、また、それが、主観表現形容詞であろうと感じていることになるからだと思います。

ここで、既に紹介してあるアプローチ**5**の「主観的表現形容詞と客観的表現形容詞と」の主観客観総合的表現形容詞の用例を見てください。「こはい」「さびしい」「すごい」などです。まず、その主観客観総合的表現を主観的客観的両用表現に言い換えましょう。総合というより、両用のほうが誤解を生まないであろうと思うからです。

早速、その「こはい」について、その両用の具体的用例を挙げてみることにします。まず、「こはい」という形容詞は、現代仮名遣いでは「こわい」となり、漢字表記「恐い」のほうが、むしろ一般的でしょう。時には、「怖い」とも表記されます。

A　犬は恐い。（客観的表現形容詞）

B　隣の犬が恐い。（主観的表現形容詞）

右のA文の「恐い」は、犬一般についていっていて、誰しもが同じようにそう判断する客観的表現形容詞であるのに対して、B文の「恐い」は、特定の隣の犬に対して、そのように感じた主体の主観的判断を述べていることになります。隣の家の飼い主は、そうは感じていないかも知れません。ここで、確認しておきたいのは、「恐い」が、ク活用系なのに情意形容詞だということです。「恐」字も「怖」字も、下心《したごころ》（心）や立心偏《りっしんべん》（忄）があるところから、情意との関係が見えてきます。鎌倉時代から、この意味の用例が見られます。恐らくは、強く激しい意の、「強《こは》し」から生まれたものでしょう。とにかく、誰もがそう感じて用いる客観的表現の「恐い」と、その主体が主観的にそう感じていう「恐い」とがあることが明らかとなりました。

「寂しい」はシク活用系でもあり、情意形容詞であろうと、大方の人が感じ取っていると思います。そうではあっても、客観的表現にも用いられます。主体の主観的表現には、当然用いられます。

C　街灯のない夜道は寂しい。（客観的表現形容詞）

D　友人がいなくて、寂しい。（主観的表現形容詞）

C文の「寂しい」は、街灯のない夜道には誰しもがそう感じるから、客観的表現形容詞だといえるのです。D文の「寂しい」は、そういっている主体となる人物の主観的表現ということになります。

E　今日の人出はすごい。（客観的表現形容詞）

F　彼の努力がすごいと思う。（主観的表現形容詞）

「すごい」は、ク活用系ですが、登場した平安時代には気味が悪い意でした。鬼気迫る様子を表していました。現代にあっては、度合いが甚だしい意を表すようになっています。E文の「すごい」は、視覚的に捉えた客観的表現ですが、F文の「すごい」は、主体が主観的にそう思ったことをいっていることになります。眼に見えないものを主観的にそう判断していることになりましょう。

アプローチ 7

対義語が相互に存在する形容詞――物理的な物象にはおのずから見えてくる関係

その単語の意味が対《つい》の関係であったり、正反対の関係であったりする単語を相互に対義語といいます。「右」に対する「左」のような関係は対《つい》の関係ですが、「出席」に対する「欠席」などは正反対の関係で、多くは、その正反対の関係をいう用例です。そこで、反意語とも反対語ともいわれます。対義語は、いま引いたように、名詞に多く見られますが、動詞にも、形容詞にも、見られます。そのうち、形容詞が最も鮮やかに認識されます。殊に物理的に認識される性質・状態には、対義関係が見えてきます。

その、最も鮮やかに認識される対義語の形容詞は、いずれも、あの教育基本語彙表の小学校低学年語彙のなかにあります。順次、拾い上げてみます。いうまでもなく、ク活用系の属性を表現する形容詞です。客観的表現の形容詞です。

(1) 相互に対義語の関係にあるク活用系形容詞

明るい↔暗い　　厚い↔薄い*
暑い↔寒い　　熱い↔冷たい
甘《あま》い↔辛《から》い　　うまい[1]↔まずい
大きい↔小さい　　重い↔軽い
濃い↔薄い*　　高い↔低い[2]
強い↔弱い　　遠い↔近い

長い ↔ 短い　　早い[3] ↔ 遅い
広い ↔ 狭い　　深い ↔ 浅い
太い ↔ 細い　　良い ↔ 悪い

＊印の「薄い」が「厚い」の対義語でもあり、「濃い」の対義語でもあるのは、どうしてでしょうか。1の「うまい」は「おいしい」でもあり、2の「低い」は「安い」でもある場合があります。3の「早い」には「速い」もあって、どう取り扱ったらよいのでしょうか。近年、あまり用いなくなったようですが、「きつい↔緩い」も、そうでしょう。いろいろ疑問は残りますが、とにかく、このように相互に対義語となるク活用系形容詞が存在します。

(2)　ク活用系形容詞と対義語の関係にあるシク活用系形容詞

暖かい↔涼しい　　古い↔新しい

既に、「まずい」の対義語としての「おいしい」については、(1)において見てきています。「おいしい」は古典語形容詞「美し《い》」が「美しい」となったものに接頭語「お」が付いて室町時代に成立した女《にょう》房詞《ぼうことば》ですが、「まずい」は、それよりさらに遅れての成立のようです。

シク活用系情意形容詞にも、対義語の関係が見えてくる用例もありはしますが、極めて限られます。また、対義語が複数となったりする用例もあったりしますが、別途、取り上げましょう。

そのようなわけで、明確に対義語の関係が成立しているのは、右の(1)において見てきたク活用系属性形容詞に限っておいたほうがよいようです。そこに見てきた二十組ほどについては、はっきり対義語としての形容詞が存在する、といっていいでしょう。

アプローチ **8**

形容詞としての対義語が存在しない形容詞――「無《な》い」「若い」「貧しい」など

アプローチ7において、殊にク活用系の属性形容詞には、みごとに対応する対義語が存在することを見てきています。相互に対応する、その組み合わせの認識は、人間生活の周辺を取り巻く物理現象への感覚を鋭くしてくれます。ところが、概念としては、その対義概念が浮かんでくるのに、その対義語が存在していないものがあったのです。時には、苛立《いらだ》ちを覚えることもあるでしょう。

まず、「無《な》い」の対義語が動詞「ある」であって、形容詞としての対義語が存在しないことが挙げられます。古典語としても、形容詞「無し」と動詞「あり」とが対義語という関係になって、同一品詞ではありません。

英語では、young と old が、ともに形容詞としての対義語であるのに対して、日本語では、young に相当する形容詞「若い」はあっても、old に相当する形容詞は存在しません。年老いた、という訳語が、英単語の学習参考書から広く国民に定着しています。「若い」の古典語「若し」は、本来が、幼い意でした。青年期をいうようになるのは、鎌倉時代の終わりごろからでしょうか。一方、動詞「老いる」の古典語「老ゆ」は、奈良時代にも平安時代にも用いられてはいましたが、用例数は、それほど多くなく、しかも、植物が枯れかかっている様子などにも用いられています。漢籍のなかの連体修飾語と見られる「老」字は、そのすべてが「老いたる」と訓《よ》まれていました。「老ゆる」ではありませんでした。

形容詞「緩《ゆる》い」の対義語は、これも形容詞としての「きつい」が存在します。「緩い靴《くつ》」のことも「きつい靴」のこともあって、目で見て、それと分かります。結び方などについても、そういう関係にあります。ただ、「緩い坂道」の対義表現は、一部では「急な坂道」になっていましょうか。

　シク活用系にも、両極の対立が生じると、対義概念が意識されて、対義表現の必要が生じるようです。「貧しい」という形容詞には、対義語が要求されます。英語には、poorとrichとが成立しています。しかし、日本では、「貧《まず》しい」の古典語「貧《まづ》し」は奈良時代から確かな用例を見ますのに、richに相当する形容詞を見ることはありませんでした。形容動詞「豊かなり」が、対応していたことになりましょうか。動詞「富む」に存続の助動詞「り」の連体形を添えた「富める」も、その一部を担っていたようです。

　シク活用系であっても、「険《けわ》しい」は、平安時代末から鎌倉時代にかけて「険《さが》し」に代わって用いられている、情意性の見えてこない形容詞です。「険しい坂道」の「険しい」です。その対義語表現は、「なだらかな坂道」となりましょうか。さきほどの「緩い坂道」でもいいように思えもしますが、やはりしっくりしません。「険しい」には、形容動詞「なだらかだ」が対義語ということになるようです。

　同じくシク活用系の「忙しい」ですが、動詞「急ぐ」が形容詞化したものです。「忙しい日々」の対義概念は、どう表現したらよいでしょうか。「暇な日々」でよいでしょうか。「忙しい」も、形容動詞「暇だ」が対義語となるようです。「所在ない」という複合形容詞が生まれてくる事情は、そこにもありましょうか。

　すべての形容詞に対義語としての形容詞が存在するわけではありません。そうではあっても、対義語の存在を考えることは、重要な知の営みです。アプローチ**7**の確認を徹底させたうえで、アプローチ**8**の要領で、形容詞だけでなく、広く対義語を探るドリルに努めてください。

アプローチ

9 世間で通俗的にいっている形容詞という呼称——印欧語からの影響

アプローチ**1**において、「い」で言い切られるということを、「い。」として示してみました。そのように言い切られるということは、「あの山は高い。」とか「彼女は可愛い。」とかいう文例に見るように、その文の述語になるということでもあるわけです。この点が、英語などの印欧語と大きく異なるのです。例えば、その英語では、The mountain is high. とか She is pretty. とかいうように、be 動詞が必要になります。この場合は、その形容詞の前に is が必要です。そもそも、形容詞の high や pretty は、名詞の前にあって、その名詞を修飾するのが主たる機能です。high mountain や pretty girl が主たる用法です。

そういうこともあってでしょう、その名詞を修飾する機能、つまり連体修飾の機能をもつ単語や語句を、すべて形容詞というように認識してしまったようです。確かに、アプローチ**8**で見た英語の old や rich の訳語に「年取った」とか「富んでいる」とかいうような表現が用いられていても、それらを形容詞といってしまいたくなるでしょう。以下に紹介するように、現在、形容動詞の連体形として取り扱われる単語を形容詞と呼んでしまっている事例には、極めてしばしば出会えます。

例えば、夏目漱石の『草枕』には、「恍惚《こうこつ》と云うのが、こんな場合に用いるべき形容詞かと思う。」(三)とあります。そこは、「恍惚たる」という、古典語のタリ活用形容動詞の連体形を冠して表現することをいおうとしているものと思われます。まだ、形容動詞という品詞を認めていないころのことですから、形容詞というよりほかなかったのでしょう。「恍惚とした」でも「うっとりした」でも、そういうよりほかなかったでしょう。

さらに、いっそう古く、徳冨蘆花の『不如帰《ほととぎす》』にも、「実は意気婀娜《あだ》など形容詞のつく可き女諸処に家居して」（上・四）とありました。その女性たちには、「意気なる女」「婀娜なる女」というように形容詞を付けていったほうがよく、そういう女性たちが、あちらこちらに住まいしていて、といっているところです。「意気なる」「婀娜なる」という、ナリ活用形容動詞の連体形を形容詞と呼んでいる用例でした。

「あらゆる」「いわゆる」「ある」「あの」「たいした」など、いわゆる連体詞についても、形容詞と呼んだりしていることがありました。連体格を示す格助詞の「の」を添えた語句についても、広く形容詞と呼んでいることがありました。特に、副詞でも名詞でもある「すべて」に格助詞「の」が付いた「すべての」は、形容詞と呼ばれていました。英語の all だと思ってしまうからでしょう。

明治七年に刊行された田中義廉『小学日本文典』には、「形容詞は、名詞の現したる、動、植、事、物の性質、形状を、精く示すものにして、常に、名詞の前にあり。」（二・一四）とありました。西洋文典を、ほぼそのまま、日本語に当て嵌《は》めた文法書でした。それから十五年後、明治二十二年刊の大槻文彦『語法指南』は、現在の形容詞に限った取り扱いとなっています。形容詞という品詞名の由来にちょっと触れてみました。

うっかり、印欧語の文法にいう形容詞という品詞名を使ってしまっていることがあると思います。そこで、とにかく、名詞を含めた体言と呼ばれる単語や語句を修飾している単語や語句を連体修飾語と呼んでみることにしましょう。そのうちに、語末が「い」「しい」となる、日本語の形容詞たちが見えてくるでしょう。

アプローチ 10

接尾語「がる」を付けて動詞化できる形容詞──「嬉《うれ》しがる」「悲しがる」など

一般に、接尾語「がる」は、名詞や、形容詞・形容動詞・助動詞「たい」の語幹に付いて、五段活用動詞化させる、と認識されています。そうすることによって、そういう気持ちや様子を外に見せる意を表すといわれています。形態の面から捉える文法では、そのように捉えられますが、名詞に付くという、その名詞は極めて限られ、形容動詞語幹も限られます。助動詞「たい」は、希望を意味するからか、多くの用例に付くようです。

そこで、形容詞の場合はどうであるか、その傾向を見てみることにしましょう。アプローチ**2**において、ク活用系十単語とシク活用系十単語を挙げました。そのク活用系十単語は、属性形容詞といえるものばかりでした。このシク活用系十単語は、情意形容詞といえるものばかりでした。

そこにあるク活用系は、どれも、接尾語「がる」を付けることができません。それに対して、シク活用系は、極めてしばしば用例を見るものと、大きな抵抗なく用いられるものと、下接させえないものとに三分類できました。「忙しがる」「悲しがる」「悔しがる」「寂しがる」「懐かしがる」「恥ずかしがる」となる「忙しい」「悲しい」「悔しい」「寂しい」「懐かしい」「恥ずかしい」と、全面的に「がる」を拒否する「楽しい」「優しい」とが認識されて、「恨めしい」「憎らしい」に「がる」を付けた「恨めしがる」「憎らしがる」は、いっていえないことはない、と思えました。情意を表現する形容詞であっても、「楽しい」「優しい」には、それ以上、外に向けて見せる必要がない段階にあるからとも思えてきました。

「悲しい」「悔しい」「寂しい」「恥ずかしい」などは、その感情をすべて外に見せているわけではありません。外に向けて見せるまでに、まだ余地があるので、外に見せる意の「がる」を付けていえるのでしょう。そこには引いてない「嬉《うれ》しい」「苦しい」「恋しい」「欲しい」「珍《めずら》しい」なども、外に出して見せる余地があるのでしょう。「がる」を付けて、その動作を見せる表現が見られます。

ク活用系では、「寒い」に付いた「寒がる」と「強い」に付いた「強がる」が、その用例を見せてくれます。「寒い」は、「寒がる」にして身体を震わせる動作の描写に用いたのでしょう。「強がる」は、「強い」に「がる」を付けて、実際は弱いのに、強そうなふりをして威張る動作の描写に必要が生じたのでしょう。「強がる」は、「強がり」という名詞化までしています。「痛がる」も、さして痛くないのに、大袈裟《おおげさ》に痛そうに振る舞う場合に用いるようです。

シク活用系の「欲しい」に「がる」の付いた「欲しがる」も、「欲しがり」だけでなく、「欲しがり屋」という名詞にまでなっています。「珍しがり屋」ともいうでしょうか。

接尾語「がる」は、「気《げ》ある」の約音化したものかと見られています。その「気《げ》」は、上接語との関係で生じた連濁《れんだく》といわれる濁音化で、本来は「気《け》」であろうと見られます。そして、その「気《け》」は、和語なのか、漢字の呉音なのか、どうともいえません。その「がる」は、平安時代から見られますが、もっぱらシク活用形容詞に付いています。『竹取物語』の「あやしがりて寄りて見るに、筒《つつ》の中《なか》光りたり。」（かぐや姫の発見と成長）は、よく知られた本文です。『宇津保物語』にも、「その山のあるじめづらしがり給《たま》ふ。」（俊蔭《としかげ》）とありました。希望の助動詞「まほし」に付く用例もありました。『源氏物語』の「内《ない》侍《し》はなま眩《まばゆ》けれど、憎からぬ人ゆゑは濡れ衣をだに着まほしがる類《たぐひ》もあなればにや、いたうもあらがひ聞こえさせず。」（紅葉賀《もみじのが》）の「着まほしがる」です。着たがる、といっているところです。

アプローチ 11

畳語型形容詞はすべてがシク活用系情意形容詞――「ＡＢＡＢしい」型形容詞

同一の単語や語根などを重ねた複合語のことを畳語《じょうご》といいます。折り重ねることを「たたむ」といったからです。畳は、もと、茣蓙《ござ》のことでした。折り重ねて片付ける敷物だから、そう呼ばれてきました。そこで、「人々」「泣く泣く」「重ね重ね」のような複合語を畳語と呼んできています。その畳語が語幹に採用された形容詞が畳語型形容詞です。

『教育基本語彙表』から探し出しますと、その多くは、小学校高学年から中学校語彙に配当されていました。後で取り上げたい二単語を除くと、十五単語でしたので、まず、すべてを挙げて、それから、説明を加えましょう。

＊荒々しい・＊重々しい・＊軽々しい・ずうずうしい・すがすがしい
騒々しい・＊長々しい・なまなましい・馴れなれしい・にぎにぎしい
＊憎々しい・馬鹿ばかしい・よそよそしい・＊弱々しい・＊若々しい

そこで、右肩に＊印を付した「荒々しい」「重々しい」「軽々しい」「長々しい」「憎々しい」「弱々しい」「若々しい」は、直ちに気づくと思いますが、ク活用系属性形容詞「荒い」「重い」「軽い」「長い」「憎い」「弱い」「若い」がベースがあると見えてきましょう。それぞれ、その語幹を重ねていることが明らかです。十五単語のうち、七単語は、そのようにして成立したものといえるわけです。「ＡＢい」形容詞が「ＡＢＡＢしい」型になったものといえましょう。

次に、「すがすがしい」については、「すがしい」というシク活用系形容詞が存在するかに見えてはきます。ただ、その用例は、古典語「清《すが》し」が一例存在するだけなのです。あの長塚節《ながつかたかし》の「垂乳根《たらちね》の母が釣りたる青蚊帳《あをかや》をすがしといねつたるみたれども」という短歌に見るだけです。長塚節の造語といってもよいのです。そうであるのに、「すがすがしい」の古典語形「すがすがし」は、『古事記』にも『源氏物語』や『栄花物語』にも見られるのです。しかし、現代語「すがしい」は存在しません。

「なまなましい」の「なま」は、接頭語「生《なま》」です。「にぎにぎしい」の、「にぎ」は、形容動詞「賑《にぎ》やかだ」の語幹の一部で、語根ということになりましょうか。「馴れなれしい」の「馴れ」は、動詞「馴れる」の「馴れ」でしょう。「よそよそしい」の「よそ」は「余所《よそ》」でしょう。「ずうずうしい」は、「図々しい」とも書きますが、宛《あ》て字《じ》のようです。語源も、特定できていません。「騒々しい」も宛て字のようですが、今では、意味と一致しています。「馬鹿ばかしい」は、殿村修斎《とのむらしゅうさい》という人に宛てた馬琴の書簡に、その用例を見ることができます。「馬鹿ばかしい」を使った最も古い人は、宝井馬琴ということになります。もちろん、文献として確認できる範囲で、ということです。

このような畳語形容詞の成立の古さを思わせる用例二単語を紹介します。「男々《おお》しい」と「女々《めめ》しい」とです。「男々しい」は、古典語形を歴史的仮名遣いで表記すると、「ををし」となります。「ををし」も「めめし」も『源氏物語』に、その用例を見ることができます。

「男々しい」は「雄々しい」とも書き、今では、ほぼ同意の「男らしい」に取って代わられようとしています。「女々しい」も、「女らしい」を用いるほうが多くなってきていましょうか。そして、「女々しい」は、かつての女性らしい振る舞いをいう用例は平安時代の昔ということになって、現在は女性と限らず、未練がましさをいう形容詞となってしまっています。

アプローチ 12

「私は母が恋しい。」の主語と対象語と——「象は鼻が長い。」の総主語と主語とは違う

「象は鼻が長い。」という文について、その文の主語は、「鼻が」なのか「象は」なのか、取り上げた人がいました。明治のころの草野清民《くさのきよたみ》という人で、「象鼻大なり。」として「大なり」の主語は「鼻」であり、「象」を総主語としています。草野清民「国語ノ特有セル語法—総主」（『帝国文学』五巻五号・明治三十二年）に発表されました。その後、三上章《みかみあきら》が反論して、題目語「何々は」の下に部分的な主格（部分主格）「何々が」が現れているだけのことだと、三上章『現代語法序説』（刀江書院・昭和二十八年）に述べています。それ以外にも、多くの論が展開されました。しかし、その後も、「鼻が」が「長い」の主語であり、その「鼻が長い」の総主語が「象は」であるとする見方は、いま、なお、残っています。

ここで、確認しておきたいのは、「長い」が属性形容詞であり、客観的表現形容詞だ、ということです。実は、同じように「何々は」と「何々が」とが続いて、述語が情意形容詞であり、さらには、その述語が主観的表現形容詞である場合について、注目したいのです。「象は鼻が長い。」の「長い」は、誰にとっても「長い」です。それに対して、「私は母が恋しい。」の「恋しい」は、私という主体だけが主観的に捉えた判断です。恋しいと思っている主体は私で、その「私は」は主語であり、「母が」は恋しいと思う対象ですから、対象語ということになります。

右のように考えるのは、時枝誠記という人の『国語学原論』（岩波書店・昭和十六年）に見る考え方です。「恋しい」というような形容詞には、そのように感じる感情を触発する機縁となるものがあって、

それが「が」という格助詞によって示されるのです。その格を対象格と呼び、その文の成分を対象語と呼んだのです。主語は主体であり、この場合の主体は、「私は」です。

客観的表現としかならない、大方の属性形容詞には、そのような対象語は、存在しません。対象格の格助詞「が」は、主観的な表現としての情意形容詞にしか、用いられることがないのです。ですから、「象は鼻が長い。」の「鼻が」の「が」は、同じ「が」でも、主格の「が」であって、「鼻が」は、主語ということになるのです。

「私は母が恋しい。」と同じ構文の例文として、時枝は、「彼は水が欲しい。」という文を挙げています。「欲しい」という主観的な表現としての情意形容詞には、そのように感じる感情を触発する機縁となる「水が」が対象語として示されています。そこで、そのように、欲しいと思う主体は、「彼は」であって、その「彼は」が主語であると読み取ることができます。

「私は母が恋しい。」「彼は水が欲しい。」の「母が」「水が」が対象語と呼ばれるのは、「恋しい」と思ったり、「欲しい」と思ったりする知覚行為の対象となるものが「母が」であったり、「水が」であったりするからです。この「対象」は、哲学で、意志、感覚、認識などの主観的作用が向けられるすべてのものをそう呼ぶのに倣ったものかと思います。主観的表現としての情意形容詞は、その感情を触発する機縁となる対象語を必須とします。「私はかつての勤務地が懐かしい。」という父の発言や「ぼくは旧友との再会が嬉しい。」という兄の思いなどで、その主語と対象語とを確認してみてください。

アプローチ 13

「色」について表現する形容詞たち――四色形容詞「青い」「赤い」「白い」「黒い」の歴史的背景

いま、日本語の色の名まえは、どのくらいあるのでしょうか。藍色《あいいろ》とか茜色《あかねいろ》とか、臙脂色《えんじいろ》とか琥珀色《こはくいろ》とか、檜皮色《ひわだいろ》とか駱駝色《らくだいろ》とか、物名を借りたものがほとんどで、七十数種類あるようですが、純粋に、色だけの名称は、青・赤・白・黒の四色に限られます。その形容詞は、「青い」「赤い」「白い」「黒い」です。

その青・赤・白・黒に活用語尾「し」が付いて、古くからある日本語の色を表す形容詞になっているとはいえますが、そのとおりの成立であるかどうかは分かりません。以下、古典語形容詞「青し」「赤し」「白し」「黒し」について、その用例を観察してみようと思います。

『古事記』に「鴗鳥《そにどり》のあをき御衣《みけし》をも具《つぶ》さに取り装ひ」（歌謡4）とありますが、「鴗鳥の」は枕詞で、「あをき」にかかります。ソニはカワセミのことで、頭は暗緑色です。濃い緑色のお召し物を身に着けていることを詠んでいます。『万葉集』の「秋山の木の葉を見ては黄葉《もみち》をば採りてそしのふあをきをば置きてそ歎く」（1一六）も、緑色です。『宇津保物語』の「鳥、獣《けだもの》だに見えぬ渚《なぎさ》に鞍《くら》置きたるあをき馬出で来て」（俊蔭）は、白といってもよい青です。いや、青といってもよい白といったほうがよいでしょう。

古典語の「赤し」は、朱・橙《だいだい》・桃色なども含めていたようです。『伊勢物語』の「白き鳥の嘴《はし》と脚《あし》とあかき、鴫《しぎ》の大きさなる、水の上に遊びつつ魚《いを》をくふ。」（九）は、都鳥のことをいっていますが、その都鳥はユリカモメの雅称です。その嘴《くちばし》と脚とは、現代の赤に相当します。『宇津保物語』の「あかき馬にあかき鞦《しりがい》かけて乗り給ふ。」（吹上上）の「あかし」は、赤みを帯びた茶色をいっていることになります。古典語の時代にはアカシといっても「明かし」があって、これは〈明るい〉という意味です。「明かし」も「赤し」も同じ単語だとする考え方もあります。幅広く赤と認める一方で、鎌倉時代の語源辞書の『名語記《みょうごき》』が「火もあかし、日もあかし、血もあかし」といっているところからは、純粋の赤をきちんと認識してもいたことになります。

「白し」は、古典語でも、雪の色として限定されていました。『源氏物語』に「かのしろく咲けるをなむ夕顔と申し侍る。」（夕顔）とありますのは、純白の夕顔です。ただ、いま一用法、衣服や紙などで、どの色にも染めてない地のままの状態も「しろし」と言いました。これは、どの色でもない意をいおうとしているのでしょう。『枕草子』に「しろき単衣《ひとへ》のいたうしぼみたるを」（一八二）とありました。

古典語の「黒し」は、黒から濃い紫や鈍色《にびいろ》などの黒っぽく暗い色にまで及んでいます。「白し」で引いた『古事記』の用例の冒頭にも「ぬばたまのくろき御衣をも具さに取り装ひ」（歌謡4）とありました。『源氏物語』の「くろき紙に、夜の墨つぎもたどたどしければ、」（椎本《しいがもと》）は、染紙のことをいっています。

青い・赤い・白い・黒いというのと、青龍・朱雀・白虎・玄武の四神との関係があるのではないかとも思いたくなってきますが、残念ながらそうではありません。古代中国に五行説があって、その木・火・土・金・水に宛《あ》てられる色名は、青・赤・黄・白・黒です。その黄だけが、日本語形容詞の語幹にはないことになります。その不備を補おうとして、後に「黄色い」が誕生することになるのですが、それについては改めてアプローチ**53**で取り上げることにいたしましょう。

四色の色名の名詞と、四色を表す形容詞とが、みごとに相関する点からは、形容詞の成立過程も見えてくるように思います。単純なことのようにも見えますが、それだけに、きちんと認識しておきたいと思います。

アプローチ 14 多様な色について表現する形容詞——気づいた色を新しい形容詞として造語

古典語の時代、色を表現する形容詞は、四色形容詞でした。その四色形容詞のそれぞれに幅広い意味を担わせて用いてきていました。しかし、その一方で、新しい形容詞を生み出す努力も重ねられていました。

その結果として、「青い」と「白い」との中間色をいう形容詞として「青白い」が生み出されました。「赤い」と「黒い」との中間色をいう形容詞として「赤黒い」が生み出されました。「青白い月の光」などという「青白い」です。「赤黒い傷跡」などという「赤黒い」です。江戸時代には、徐々に用例を見ることができます。

ここで、アプローチ**13**に引いた『宇津保物語』の「あをき馬」をもう一度、見てみてください。その馬の色は、白といってもよい青なのでしょうか、青といってもよい白なのでしょうか。当時、白馬《あおうま》の節《せち》会《え》という朝廷行事がありました。現代だったら、どういったらよい馬の色なのでしょうか。ところで、その「青白い」は、血の気のない顔色も表すようになっていって、「やつれて青白い顔をしていた。」などとも用いられるようになってしまっています。

さて、接頭語「真《ま》」を冠して、〈真実の〉という意味を加えて造語することがあります。四色形容詞は意味の幅が広いので、その「真」の必要な場合が多かったのでしょう。小学唱歌の「七里ヶ浜の哀歌」に「真白き富士の根緑の江の島」とありました。その「真」に続く音がsやkであると、「真」は「真っ」というように促音化します。「真っ白い布」の「真っ白い」です。「真っ黒い煙」の「真っ黒い」です。

ただ、「青い」と「赤い」とは、「真っ青《さお》だ」「真っ赤《か》だ」という形容動詞となってしまいました。「青」が「青《さお》」となるのは、「青《あお》」の「あ」の前にs音が挿入されたからです。「赤《あか》」が「赤《か》」となるのは、「あ」の音が「真っ」の音に吸い込まれて消えてしまったからです。その「真っ青だ」「真っ赤だ」に惹《ひ》かれて、「真っ白い」「真っ黒い」も、「真っ白だ」「真っ黒だ」になろうとしています。

度合いの違いをいう形容詞「深い」「浅い」の、その、「浅い」の語幹を前項として、それまでにない色を表現する形容詞が新造されました。「浅黒い」です。肌の色などをいう形容詞です。泉鏡花が『歌《うた》行灯《あんどん》』に「色は浅黒いが容子《ようす》の可《よ》い、其の年増《としま》の女中が、」のように用いていました。徳冨蘆花も『思出の記』に「妹は僕に一歳《ひとつ》下で、色は浅黒いが、目鼻立ちのきりりっとした、気の利《き》いた児で、」と用いていました。その浅黒さが魅力になっている感じです。

「白い」「黒い」は、四色形容詞の組み合わせで前項となることはありませんでした。漠然《ばくぜん》とした色ということなのでしょうか、接尾語「っぽい」を添えて定着しています。ともに、服装などについて、そういいます。「白っぽい浴衣《ゆかた》」「黒っぽい背広《せびろ》」などです。「白っぽい」は、その後、素人《しろうと》くさい意を表すようにもなりましたが、もう見かけなくなりました。

「白い」は、接頭語「仄《ほの》」を冠して、「仄白《ほのじろ》い」ともいいます。堀辰雄の『風立ちぬ』に、「暗がりの中にそれだけがほの白く浮いている彼女の寝顔をじっと見守った。」とありました。微妙な違いを、いろいろ工夫して造語していく知恵が見えてきたと思います。

アプローチ
15 味について表現する形容詞――甘《かん》・酸《さん》・苦《く》・鹹《かん》（四味）形容詞の歴史

既に、アプローチ7において、対義語の関係にある「甘《あま》い↕辛《から》い」について表現する形容詞です。味を評価する形容詞として「うまい↕まずい」も、そこにありました。一般的な感覚でいうと、「甘い」はうまく、「辛い」はまずいほうになりましょうか。もっとまずい味として「渋い」「苦い」があります。ただ、人によっては、それらを美味とする方もいらっしゃいましょう。

その単語が現代語として存在すると認めてよいかどうか悩みますが、「酸《す》い」という形容詞があります。それ以外の味覚形容詞は、複合形容詞となるようです。基本的な味覚形容詞について、以下に確認しようと思います。

「甘い」の古典語「甘し」は、奈良時代、あるいはそれ以前から、現代と同じく砂糖や蜜などの糖分の味を指して用いられていたと見てよいでしょう。時に、『日本霊異記《にほんりょういき》』の「噫《あ》乎《あ》母の甜《あま》き乳を捨てて我死なむか。」（中・二）のように、母乳の味をいってもいます。そして、その糖分の味は、「うまし」でも表現していました。その後、塩気《しおけ》が欠如している意味にも、さらには、厳しさの欠如をいうのにも用いられて、現在に至っています。

「辛い」の古典語「辛し」は、奈良時代には塩の味に限って用いていたと見てよいようですが、平安時代からは、舌を刺すような鋭い辛味《からみ》を形容するようにもなりました。『古今六帖《こきんろくじょう》』の「水無月《みなづき》の河原におもふ八穂蓼《やほたで》のからしや人に逢はぬ心は」（六・草）の八穂蓼《やおたで》の味をそういっています。生薑《しょうが》・

山葵《わさび》・山椒《さんしょう》などの、あの刺激です。酸味や酒気についてもいっています。時代が下ると、苦しい心情をいう用例も見せるようになります。現代においても、「鹹《から》い」と書いたときは、塩辛い意です。その「塩辛い」という形容詞は、「からし」が多様な辛さをいうところから、止むなく生み出された複合形容詞です。もともと塩の辛さだけをいった「辛し」でしたが、他の意味が強くなって、逃げ出してしまったのです。

「渋い」の古典語「渋し」は、用例が限られますが、平安時代の経典の訓点などから存在が確認されています。渋柿の渋さをいっています。その後、吝嗇《りんしょく》な人間や地味な人間をいうようにもなります。

「苦い」の古典語「苦し」も、平安時代の経典の訓点から現れます。鎌倉時代の『宇治拾遺物語』に、「雀《すずめ》報恩の事」という隣《となり》の爺《じじい》型説話がありますが、隣の真似《まね》をして、瓢《ひさご》の実をたくさん煮て、人にも食べさせ自分たちも食べるところがあります。そこに「にがき事物にも似ず。」（３―六）と出て来ます。この味覚形容詞も、後に、不快を表したり、苦しい気持ちを表したりするようになります。

さて、「酸《す》いも甘《あま》いも噛《か》み分ける」などといいます。豊富な人生経験によって世の中がよく分かり、分別もある、ということです。その「酸い」の古典語は「酸し」でした。用例は限られますが、平安時代初期の『新撰字鏡《しんせんじきょう》』という古辞書にも載っていました。現代語としては、「酸っぱい」に変身します。

味覚についての専門家は、甘《かん》・酸《さん》・苦《く》・鹹《かん》ということをいいます。その四味に当《あ》て嵌《は》めますと、日本語の形容詞としては、「酸し」というところを「辛し」に担わせ、「酸し」で表現することには積極的でなかったようです。握りずし・散らしずしなどの「鮨《すし》」が、スシという発音を一人占めならぬ一語占めしてしまったのでしょうか。「寿司《すし》」とも表記する、その食品が、形容詞「酸し」から来ていることは確かな事実です。

アプローチ 16 味について表現する派生形容詞と複合形容詞と――「甘酸《あまず》っぱい」「塩辛《しおから》い」など

アプローチ15で、味について表現する日本語形容詞の基本的なものが確認されました。しかし、もっとあるように、既にお感じだろうと思います。ただ、それらはすべて、基本的な形容詞を組み合わせたり、基本的な形容詞から派生させたりしたものなのです。

さきに、限られた用例をしか見せないといった「酸い」ですが、用いるのは確かに「酸いも甘いも噛《か》み分ける」だけです。確かに、現代人の多くが用いるのは、「酸っぱい」です。方言には「酸っかい」「酢っぽい」などもありますが、とにかく「酸い」から派生したものでしょう。派生形容詞です。

「甘い」が、下に、その「酸っぱい」を付けて、「甘酸っぱい」が生まれました。複合形容詞です。「甘酸っぱい」の前に、「甘酸い」といった時代もあります。『日葡辞書』という十七世紀初頭の、宣教師が編んだ日本語とポルトガル語の辞書に載っていました。「酸っぱい」の成立は明治になってからのようで、「甘酸っぱい」も、当然、明治の中ごろからでしょう。徳田秋声が『黴《かび》』に「お産の時のあの甘酸っぱいような血腥《ちなまぐさ》いような臭気《におい》」というように用いています。

複合のあり方は多様で、名詞に形容詞が付いて一語の形容詞となったものもあります。名詞「塩」に形容詞「辛い」が付いて一語化した「塩辛い」が、その代表です。平安時代の終わりといってよい『今昔物語集』に「此ノ鮭《さけ》・鯛《たひ》・塩辛《しほから》・醤《ひしほ》ナドノ塩辛キ物共ヲツヾシルニ」（28五）とあったのです。この「塩辛い」を「しょっぱい」ともいいますが、その原形は「塩はゆい」でした。この形容詞は、室町時代から江戸時代末、せいぜい明治の初めまでで、もう用いられなくなってしまっています。その「しょっぱい」が「酸い」を「酸っぱい」にさせたのではないか、と思います。

欧米の食文化を導入したところから生まれた複合形容詞があります。「油っこい」です。その「っこい」は、接尾語などではなく、「濃い」だったのです。「油濃い」のラとコとの間に促音が挿み込まれて、表記も「油っこい」となっているのです。谷崎潤一郎の『蓼喰《たでく》ふ虫《むし》』に「三四日振りに脂っこい物を昼食に取り、」は、「脂っこい物」で洋食をいっていることになりましょう。

砂糖と醤油とで甘みと辛みとの両方の味を生み出した煮方があります。その味を「甘辛い」というでしょう。形容詞と形容詞との複合形容詞です。その複合の前項後項の関係を見ると、「甘酸っぱい」でも「甘辛い」でも「甘い」は前項となるようです。それほどに「甘い」は、味として高い評価を得ているように思います。

ところが、その「甘い」がマイナスに評価されることもあります。味だけでなく、香りなどについてもいいますが、いやになるほど甘いとき、甘過ぎるとき、その感じを「甘ったるい」といいます。「甘ったるい菓子」「甘ったるい垂《た》れ」だけでなく、「甘ったるい酒」ともいうでしょう。

濃過ぎた甘さに対して、薄い甘さは、「薄甘い」となりますが、味についていう用例を見ません。もっぱら、匂いについていうようです。改めて、匂いについていう形容詞として取り上げましょう。

「苦い」には、接頭語「ほろ」を表した「ほろ苦い」があります。いくらか苦みがある、ということです。ちょっと苦い、ということです。ただ、これも、味についていうものではないようです。「ほろ苦い笑い」などです。時に、ちょっと苦い味を感じて「この山菜はほろ苦い。」と言ったりもしましょうか。

アプローチ 17

臭《にお》いや匂《にお》いについて表現する形容詞──「臭《くさ》い」が多く、時に「こうばしい」も

日本語の「匂う」という動詞の古典語「匂ふ」は、古くは美しく色づく意でした。殊に奈良時代の『万葉集』に見る用例は、すべてそうでした。それが、次の時代の『古今和歌集』には、薫《かお》らせる意の用例を見せるようになります。いい匂いです。快い匂いです。

ニオイには、いい匂いと悪い臭《にお》いとがあります。快い匂いと不快な臭いとがあります。そして、そのように「匂い」と「臭い」とに書き分ける人もいます。ただ、ここで取り上げる形容詞「くさい」も「臭い」と書きますので、「匂い」「香《にお》い」と「におい」とで書き分けたりしている人もいましょうか。すべて「匂い」で通す人もいましょう。

その不快な臭《にお》いを、「臭《くさ》い」の前身「臭し」で表現してきています。『日本書紀』の訓としてそう読まれていたり、仏典の訓点などにそう読まれていたりする用例を見ます。次の平安時代の『源氏物語』には「極熱《ごくねち》の草薬《さうやく》を服《ぶく》して、いとくさきによりなむ、え対面賜はらぬ。」(帚木《ははきぎ》)という用例を見ます。雨《あま》夜《よ》の品定《しなさだ》めといわれているところで、めぐり会った女性の評価をしている場面です。その女性が、ニンニクなどの薬草を服用していて、臭いのでお目にかかれない、と言っているのです。「臭し」は、そのまま現代語「臭い」に至っているといっていいでしょう。

臭《にお》いは、嗅《か》がなければ感じ取ることができません。そこで、その匂いや臭《にお》いを感じ取る感覚を、古くは「嗅覚《きゅうかく》」と呼んできていました。その後、漢字の制限などと関係して、「臭覚《しゅうかく》」に言い換えられましたが、

また、現在は「嗅覚」といっています。その嗅いだ結果、認識されたのは、もっぱら「臭《くさ》い」という感覚でした。ニンニクもニラも、ネギのすべてが、そう捉えられます。魚肉類の腐ったのも、そうです。放《ほう》屁《ひ》も、同じく「臭《くさ》い」です。「臭し」は、恐らく「腐る」という動詞の語幹「くさ」に、「し」が付いて成立したのでしょう。

では、快感を与えてくれる匂いは、どういう形容詞となっているのでしょうか。それは、「かぐわしい」と「こうばしい」とです。その「かぐわしい」の古典語「かぐはし」は、奈良時代の用例がほとんどで、現代人は、その「かぐわしい」を「こうばしい」よりもっと高貴な印象をいう必要が生じたときなどに用いているでしょう。「こうばしい」は、「かんばしい」が変化したものです。その古典語は、「かうばし」なのです。

「香《かお》り」のことを古くは「香《か》」ともいいました。今でも、「梅の香がただよう。」などというでしょう。その「香」に〈すぐれている〉意の「くはし」が付いて「かくはし」「かぐはし」ができました。『古事記』の歌謡や『万葉集』の和歌に、その用例を見ることができます。「蒜《ひる》摘みにわが行く道のかぐはし花橘は」（歌謡四三）や「梅の花香をかぐはしみ遠けども心もしのに君をしそ思ふ」（20四五〇〇）などです。後用例は接尾語「み」を伴っていますが、それぞれ、橘や梅に、その快さを感じたようです。

「こうばしい」の古典語形は、「かうばし」です。奈良時代や平安時代から「かぐはし」に平行して用いられていました。さらに併せて、「かんばしい」という音韻の変化も見せていました。「こうばしい」にも、「かんばしい」にも、「芳しい」という表記が定着しています。

臭いを表現する形容詞は、まだまだあります。ただ、それらは、みんな複合形容詞なのです。次のアプローチ**18**をお待ちください。

アプローチ
18 多様な「臭《くさ》い」について表現する複合形容詞など──「臭い」「くさい」を下接させて造語

アプローチ17で既に紹介してきているように「臭《くさ》い」には、いろいろな「臭《くさ》い」があって、それぞれにふさわしい形容詞を生み出してきているようです。その傾向として、クサイ・グサイを下接させた複合形容詞となって、漢字表記するか、仮名書きするか、悩まされることがしばしばあります。そもそも、この複合形容詞は、臭《くさ》いと感じる原因となる物を前項とすればよいのですが、それを一単語と認めてよいかどうかについては、一定の使用実績があって、市民権を得たかどうかで決まります。魚《さかな》の臭さを取り上げて、それだけで「魚臭《さかなくさ》い」という形容詞が直ちに認められるということにはなりません。いま、確かに一単語の複合形容詞となっているものだけを、以下に紹介しましょう。なお、連濁するのは、「血なまぐさい」「生《なま》ぐさい」だけです。

青くさい・垢《あか》臭い・磯《いそ》臭い・男臭い・黴《かび》臭い・きなくさい・焦げ臭い・酒臭い・熟柿《じゅくし》臭い・小便臭い・乳《ちち》臭い・土《つち》臭い・泥《どろ》臭い・糠味噌《ぬかみそ》臭い・バター臭い・日向《ひなた》臭い・抹香《まっこう》臭い・血なまぐさい・生ぐさい

右のうち、「焦げ臭い」だけが、動詞「焦げる」の連用形に付いています。「きなくさい」は、「衣臭《きぬ》い」の転じたものか、とされています。ともに、焦げた臭《にお》いをいいます。「青くさい」は、もとは青草のいやな臭《にお》いをいったようですが、現代語としては、未熟さをいう用例ばかりになっていましょうか。「生ぐさい」は、古典語形「生ぐさし」を『新撰字鏡《しんせんじきょう》』という平安時代初めの漢和字書の中に見ます。

「胜　奈万久佐志《なまくさし》」とあって、「ぐ」でないことが明らかです。「生」は、多く接頭語として用いられていますが、これは、生肉をいう名詞でしょうか。「胜」という漢字の訓として生み出されたのでしょうか。一番古い国語辞書の『和名抄《わみょうしょう》』にも、魚肉の臭さをいう、として載っています。この単語ができていたので、「血なまぐさい」という形容詞もできたのです。「血腥い」と書いたりもします。「腥」は、「胜」とも通う漢字です。

「血なまぐさい」は、もう、血の臭《にお》いがする意ではなくなっていますので、むごたらしい意の「血なまぐさい」は、ここには加えないほうがよかったかも知れません。ここに入れてない「くさい」もたくさんあります。「阿呆《あほう》くさい」「吝嗇《けち》くさい」「照れくさい」などです。とにかく、「臭《くさ》い」は、複合形容詞後項として、このように純粋に臭さのいろいろを表現したうえに、完全に接尾語化して、ちょっといやな印象を与える表現としたりしています。

「磯臭い」「黴臭い」「酒臭い」「熟柿臭い」「小便臭い」「乳臭い」「土臭い」「泥臭い」「糠味噌臭い」「バター臭い」「日向臭い」「抹香臭い」からは、それぞれの、ちょっといやな臭いがしてこようかと思います。そして、それらしい人間の性情や印象をいう用法をいうようになっているものもあるでしょう。「泥くさい男」「バターくさい奴」「抹香くさい人物」などです。これらについては、改めて、アプローチ**54**として、接尾語「くさい」を付けて成立した形容詞として取り上げることにいたします。

そうでした。匂いや臭いについていう形容詞として、味についていう形容詞の一部が協力をしてくれていました。芥川龍之介の『戯作三昧《げさくざんまい》』に「向こうの袖垣の外に植えた木犀《もくせい》は、まだその甘い匂いが衰えない。」というように用いられていました。「甘酸っぱい」にも、そういう用例がありそうです。ちょっといやな印象の加わった「甘ったるい」にも、そんな用例があるように思えてきます。

アプローチ 19 味の良し悪しや咽喉《のど》への刺激を表現する形容詞――「うまい」「まずい」「おいしい」／「えぐい」「えがらっぽい」など

味についていうのではなく、味の良し悪しについて表現する形容詞があります。それは、対義語の関係として既にアプローチ7で紹介してあります。「うまい」と「まずい」とです。その「まずい」の対義語については、女性は多くが、「おいしい」といいます。どうしてか、知りたくなってきたと思います。「うまい」の古典語は「うまし」で、奈良時代から存在しています。「甘し」と同義といってよい語義であったこと、アプローチ15で触れてきています。奈良時代には、ともに、美味を指してそういっていました。『万葉集』で、佐為王《さいのおおきみ》に仕える召し使いが「飯食《いひは》めどうまくもあらず行き行けど安くもあらずあかねさす君が心し忘れかねつも」（16三八五七）と詠んでいますが、そこに「うまし」を用いています。ご飯を食べてもおいしくないし、歩き回っても心は安まらない、うるわしいあなたの心が忘れられない、という意味です。その後、幾つかの語義を併せもちますが、基本的な語義はこのまま現代語に至ります。

その対義語「まずい」は古典語形「まづし」ですが、登場するのは、遅く、江戸時代を迎えてからです。『物類称呼《ぶつるいしょうこ》』という、その江戸時代の方言辞書が「あぢなし〈食物味ひうすき也（略）東国にてまづいと云」とあるところからは、東国の方言ということになりましょう。

その「うまい」が、どうして「おいしい」ともいわれるのか、その成立から説明してまいります。その「お」は、丁寧語の接頭語です。「御《おほん》」とか「御《おん》」とかいわれていたものが、「お」となりました。現代にあっても、「お早い」とか「お美しい」とかいうように、形容詞「いし」の上にも冠せられました。

この形容詞の終止形は、そのように「いし」でした。「美《い》し」と表記します。好ましいという意味です。奈良時代から存在しました。上手《じょうず》だという意味でも用いました。上手だの意は、鎌倉時代から室町時代にかけての意味です。あの『源平《げんぺい》盛《じょう》衰《すい》記《き》』に「ああ、思ふに似ずめでたく仕《つか》うまつりたり。祇王《ぎわう》にも劣らず歌の音《こゑ》のよさよ。いしう、いしうと褒《ほ》められたり。」（17祇王祇女仏御前）とあります。仏御前の声のよさを上手だ上手だと、お褒めになった、というのです。さらに、殊勝だ、すばらしいの意を経て、「お」を冠して、和泉流狂言の『比丘貞《びくさだ》』に「おお、よい九献《くこん》やの。念が入ったから、おいしい酒《さけ》でおりゃる。」のようになっていきます。美味だの意の「おいしい」は、そのようにして成立したのです。

味というよりは、咽喉《のど》に刺激を感じて、その感じをいう形容詞がありました。あくが強くて咽喉がいらいらと刺激されて感じる感覚です。それを、「えぐい」といってきています。また「えがらっぽい」「いがらっぽい」ともいってきています。その「えぐい」の古典語は、ワ行の「ゑぐし」ですが、なんと平安時代の国語辞書に載っていたのです。『和名抄《わみょうしょう》』に載っていたのです。茄子《なす》についての酢味《すみ》についていった後、「俗語云恵久之。」とあったのです。「恵」はワ行の「ゑ」、「久」は「く」も「ぐ」も表します。「之」は「し」で、万葉仮名で書いてあるのです。中勘助《なかかんすけ》の『銀《ぎん》の匙《さじ》』に「気管のへんが蘞《えぐ》くなって」（後・六）とありました。この「えぐい」は方言として全国に微妙な違いが見られます。「えごい」を始め、「えぐたい」「えごったい」「よごい」「えがか」「えんが」「いげつい」、そして「ぐ」を清音の「く」とする「えくい」もあります。古い言葉で、しかも、めったに使わない言葉だから、各地で多様な語形となったのでしょう。

アプローチ **20**

限度を越えた騒音について表現する形容詞——「うるさい」「騒がしい」「かしましい」など

騒音について表現する形容詞というと、現代人の多くが「うるさい」を挙げるでしょう。しかし、その古典語「うるさし」へと遡《さかのぼ》ると、何と、音についていうようになったのは、江戸時代からだったのです。『源氏物語』などの講読をするとき、現代語と意味の大きく異なる言葉として注目されてきています。「例のうるさき御心とは思へども、」(夕顔)は、いつものようによく気がつくお心とは思うが、というところです。「棚機《たなばた》の手にも劣るまじく、その方《かた》も具して、うるさくなむはべりし。」(帚木《ははきぎ》)は、七夕《たなばた》の織《しょく》女《じょ》にも負けないぐらい、その方面も立派でございました、ということです。それが、現代では、音が耳障りである、騒々しい意にもなっているのです。

そこで、その「騒々しい」はというと、さきに、アプローチ11で見てきた畳語形容詞です。古典語は「さうざうし」ですが、「騒々」は宛《あ》て字《じ》かとされています。室町時代から存在していて、当時の『節用集《せつようしゅう》』と呼ばれる辞書には、「忩々」という漢字が当てられていますし、『日葡辞書』に〔Sôzôxij〕とあるので、「さうざうし」ではなく、「そうぞうし」と見なければならないようです。＾印は、合音の符号だからです。その『日葡辞書』に「うるさいこと、つまり、さわがしいこと」という訳が付いています。

『日葡辞書』にあったとおり、「騒がしい」も、同意の形容詞ということになります。「騒《さわ》がしい」の古典語形は「騒《さわ》がし」で、「騒《さや》ぐ」という動詞の未然形「騒が」に「し」が付いてできた形容詞です。この「騒がし」は成立当時から、うるさい、騒々しい、そして、やかましい、と同義の形容詞です。『枕草子』

に「風いたう吹きて、雨などさわがしき日、」（四二）とありますが、そのまま騒がしいと読みとれます。

そこで、「やかましい」ですが、語源は「彌喧《いやかま》しい」でしょう。江戸時代からの言葉で、音や声が大きいことを、そういっています。今では、こまごまとしたことまで言ったり、小言を言ったりすることもいいますが、もとは、ますます喧《かしま》しいことをいいました。

その「喧《かしま》しい」は、「囂《かしま》しい」「姦《かしま》しい」などとも書きます。「女三人寄ればかしましい」といわれる「喧しい」です。女の字が三つ寄って「姦」字ができるのに掛けて、女はおしゃべりなので三人集まると非常にやかましいということをいったものです。「姦」の字義にはない読みです。さて、『枕草子』に「あやしき家の見所もなき梅の木などには、かしかましきまでぞ鳴く。」（四一）とありますが、ウグイスがどんな所でどう鳴いているかをいっています。

その「かしまし」に代わって鎌倉時代から、その音や声がかしましいことを「かまびすし」というようになりました。「喧し」でも「囂し」でも、「かまびすし」と読みます。もちろん「かしまし」とも読みます。『方丈記』に「波の音、常にかまびすしく、しほ風ことにはげし。」とありました。

ほぼ出尽くしたようにも思えますが、いかがでしょう。いま一単語、高い音や声が今までの静けさを破るように不意に起こって騒がしいときに用いる形容詞がありました。「けたたましい」です。江戸時代から見られます。昔は鶏の鳴き声などでしたが、近年はサイレンの音をいったりします。

さて、音について表現する形容詞は、大きい音、高い音についていうものだけのように思えます。小さい音、低い音は、その対象にならないようです。その「大きい」「高い」も、音や声について表現していることになりますが、音や声についていう、専用の形容詞ではありません。その「大きい」「高い」は、度合いをいう形容詞を借りたものということになりましょう。

アプローチ 21

度量衡の概略を表現する形容詞——長さ・広さ・深さ・重さなどをいう形容詞

物差《ものさ》しと枡《ます》と秤《はかり》とは、度量衡の測定器具です。長さと容積と重さとを測る道具です。それらの長さ・容積・重さとについて、おおまかにどうであるかを捉えて表現する形容詞もあります。それら形容詞は、いずれも対義語が特定されています。アプローチ**7**を併せ読みしてください。

「長い」の古典語「長《なが》し」も「短い」の古典語「短《みじか》し」も、奈良時代から存在したと見てよいでしょう。ただ、「短し」の用例そのものは平安時代以降にしか確認できませんが、転義用例と見てよい、身分の低いことをいう用例がその平安時代にありますので、その前の時代から存在したと見てよいでしょう。「長し」は、動詞「流る」の「なが」の形容詞化でしょうか。「短し」は、「身近《みちか》し」説には従えません。仮名が違います。残念ながら、成立が見えてきません。

容積そのものを捉えた形容詞は存在しません。関係するその一つが、「広い」と「狭い」とです。その古典語の「広《ひろ》し」も「狭《せま》し」も、奈良時代から存在したと見てよいでしょう。ただし、「狭《せま》し」は、奈良時代・平安時代は、多くが「狭《せば》し」でした。「広《ひろ》し」の背景には、動詞「開《ひら》く」が見えてきますが、「狭《せま》し」はどこから来たのでしょうか。なお、奈良時代には、「狭《さ》し」という形容詞もありました。

容積と関係するいま一つとして、「深い」と「浅い」とがありました。その古典語の「深し」も「浅し」も、奈良時代から存在しました。「深《ふか》し」の語源は不明ですが「浅《あさ》し」は、発語「あ」に「狭《さ》し」が付いたものかとも見られています。

「重い」の古典語「重し《おも》」も「軽い」の古典語「軽し《かる》」も、奈良時代から見られますが、「軽し《かる》」の用例は限られます。奈良時代・平安時代・鎌倉時代は、「軽し《かろ》」のほうが多かったようにも思えます。「重し」の由来は見えてこないのですが、「軽し《かる》」「軽し《かろ》」は、「空《から》」と関係しましょうか。

長さを立体の上下として捉えたとき、高さになります。度量衡に関連する空間の認識です。「高い」の古典語「高し《たか》」は奈良時代から見られますが、「低い」の古典語「低し《ひく》」は、室町時代からしか見られません。平安時代から鎌倉時代は、「低し《ひき》」でした。そして、併せて、形容動詞「低なり《ひき》」も用いられていました。「高し《たか》」は、動詞「立つ」に由来するでしょう。「低し《ひき》」「低し《ひく》」は、動詞「引く」との関連が考えられましょうか。

度量衡関連の形容詞はまだあるのですが、次に譲ります。そこで、ここまでの特徴を整理しましょう。一つは、相互に決定的な対義語が存在する点です。次は、「長い」「短い」は長さであり、「広い」「狭い」は広さであり、「深い」「浅い」は深さであり、「重い」「軽い」は重さである、という点です。形容詞は、その語幹に接尾語「さ」を付けて名詞化することができます。短さとも、いっていえなくはありませんが、一般的ではありません。プラス性のほうにだけ「さ」を付けて名詞化させているのは、そのプラス性のほうが、度量衡の概念を認識させたからでしょう。さらに、それぞれの成立を歴史的に見たとき「短し」は「長し」より後に、「狭し」は「広し」より後に、「浅し」は「深し」より後に、「軽し」は「重し」より後に登場してきている、ということです。どこから認識が始まったかが見えてくるようです。

アプローチ 22 度量衡関連の概略を表現する形容詞や複合形容詞——「大きい」「小さい」／「小高い」「だだっ広《びろ》い」など

原則的な度量衡からは外れたものとして、アプローチ21で「高い」「低い」を取り上げました。それに続くものとして、隔たりをいう「遠い」、立体の胴回りとでもいったらいいものをいう「太い」、それらすべてを総括していう「大きい」などを見ていきましょう。

「遠い」の古典語「遠し」も「近い」の古典語「近し」も、奈良時代からありました。「遠《とほ》し」は、トホのホから「手欲《ほ》し」が原形かとする説もあります。「近《ちか》し」も、そのテを生かして「手所《テカ》」に語尾「し」が付いたとする説があります。「手所」は、手の届く所ということです。

「太い」の古典語形「太し」も、「細い」の古典語「細し」も、奈良時代からあったと見てよいでしょう。ただ、『万葉集』に、「細し」は一用例「細き菊根《きくね》」(19四一九三)とありましたが、「太し」の用例は見られませんでした。「太し」「細し」とも、その語源は、それぞれに七説か八説かありますが、採用できるものが見つかりません。

「大きい」の古典語は「大《おほ》きし」というより、形容動詞「大《おほ》きなり」と見たほうがいいでしょう。室町時代から、それが「大きい」となったのです。「小さい」の古典語は、平安時代から「小《ちひ》さし」が存在していました。「小さな」が連体詞として残っているところからは、形容動詞「小さなり」も存在したのでしょうが、確かな用例の整理ができていません。とにかく、「大きい」「小さい」は、長さ・広さ・嵩《かさ》などの程度をいうものではあっても、奈良時代以前からの日本語ではなかったようです。それに対して、「長し」「広し」「深し」「重し」「高し」「遠し」「太し」と、それぞれの対義語とは、長い歴史ある形容詞だったということになります。

さて、これら度量衡形容詞は、どんな複合形容詞をつくっているか、その確認をしていきましょう。接頭語や接頭語的なものを冠したものと、その対象語としての名詞と複合してしまったものと、です。

「小高《こだか》い」は、「高い」が接頭語「小」を冠したものですが、名詞「丘」の連体修飾語となる以外、用例がないように思います。近代・現代の用例は、みなそうです。a small hill の訳語が定着してしまったのです。ところが、平安時代に、和泉式部《いずみしきぶ》が『和泉式部日記』に「忍び音《しのね》は苦しきものを時鳥《ほととぎす》こだかき声や今日《けふ》よりは聞け」と詠んでいました。しかし、よく考えると、「木高き」かとも思えてきました。

「図太《ずぶと》い」は「太い」が接頭語「図」を冠したものです。「図」は宛て字《あじ》でしょうか。「頭」とも書きますが、それも宛て字でしょう。現代仮名遣いは「ず」ですが、歴史的仮名遣いでは「づ」でした。

「ひょろ長い」といいますが、「ひょろ」はどう説明したらよいのでしょうか。擬態語《オノマトペ》の副詞「ひょろひょろ」の一部ということになりましょうか。「だだっ広い」といいますが、「だだっ」はどう説明したらよいでしょうか。その「だだっ」はもとは「だだ」で、めちゃくちゃであることを示す接頭語でした。その「だだ広い」が変化して、「だだっ広い」となったのです。

「思慮深い」は、これで一単語です。一単語の複合形容詞です。〈思慮が深い〉ということで、その「思慮が」は、時枝文法がいう対象語です。有島武郎が『或る女』に「思慮深い貴女のような物腰で、」と用いていました。「口重い」も、一単語の形容詞で、軽々しく物を言わないことです。『徒然草《つれづれぐさ》』に「よくわきまへたる道には、必ず口重く、問はぬ限りは言はぬこそいみじけれ。」（七九）とありました。結婚の機会に恵まれない人のことを「縁遠い人」といったりします。その「縁遠い」も同じです。

アプローチ **23**

身体が感じる感覚について表現する形容詞――「暑い」「暖かい」「涼しい」「寒い」「冷たい」など

われわれ人間は、自分たち周辺の気温や湿度から、それを快いと受けとめる場合もありますし、不快だと感じることもあります。そして、その感じ取った感覚を形容詞で表現してきてもいます。そう感じる感覚が身体全部である場合もありますし、指先のような部分だったり、皮膚だったりすることもあります。とにかく、そういう場合において用いる形容詞について観察してみました。すると、快いのは「暖かい」と「涼しい」とだけで、後はみんな不快としてであろうと見えてきました。

その「暖かい」の古典語は、形容動詞「暖かなり」であるといっていいでしょう。江戸時代から「暖かい」となりました。そして、意味の面でも、「暑い」に近かったのです。『金光明最勝王経《こんこうみょうさいしょうおうきょう》』という経典の音義と呼ばれる注解書に「暑　阿太太加奈り」とあったりするからです。平安時代の「あたたかなり」は「暑《あたた》かなり」だったのです。ただ、和文の用例は、寒くなくて快い意のものです。徐々にそうなってきたのでしょうか。

「涼しい」の古典語「涼し」は、奈良時代から存在し、『万葉集』などでは、秋風をそう捉えています。ただ、漢文訓読体文章のなかには、冷たい意の、「涼し」が見られます。あるいは、「涼」字や「冷」字に引かれて冷たい意で用いる人たちもいたのでしょうか。『今昔物語集』の「泉の水の清く涼《すず》しき事を、」（1―三）などです。もちろん、現在、多くの人は、快い気温を受けた感覚をいう際に用いています。

以下は、不快感を表現する形容詞となります。まず、身体全体を苦しめる「暑い」「寒い」について見てみます。その古典語「暑し」「寒し」は、ともに奈良時代から存在します。身体全体に感じる「暑し」は、道綱母の『蜻蛉日記《かげろうにっき》』の「風はいみじう吹けども、木蔭なければ、いと暑し。」（中・天禄元年）からも感じ取れます。身体全体に感じる「寒し」は『万葉集』の「秋の夜は暁《あかつき》寒し白たへの妹が衣手《ころもで》着むよしもがな」（17三九四五）からも感じ取れます。作者の大伴池主《おおとものいけぬし》が妻の衣《ころも》を着て寝るすべがあればよいが、と言っている気持ちもよく分かります。

身体の一部に感じる「熱い」ですが、実は、古い時代の人たちは「暑い」と区別することなく使っていました。現代人は漢字表記で別語として意識していますが、昔の人たちは、そうではなかったのです。『宇津保物語』の「あつき火の中に住まふ心地して、」（嵯峨院）は、いわゆる火宅のことです。「熱き火」という漢字表記にしたら、いっそうはっきりと読み取れましょう。さて、身体の一部、特に爪先《つまさき》などに感じる「冷たい」ですが、古典語は当然「冷たし」です。ただ平安時代のその「冷たし」の意味するところは、「寒し」とあまり違いがないのです。『落窪物語』の「女の衣《きぬ》も引き着せ給《たま》ふに、単衣《ひとへ》もなくて、いとつめたければ、」（二）に見る「つめたし」は、「寒し」と変わらないでしょう。

現代人は、気温等の温度感覚を「暑い→暖かい→涼しい→寒い」の順に感じ取っているでしょう。ところが、奈良時代の人は「あつし→ぬるし→すずし→さむし」の順に感じていたのですが、平安時代に「あたたかなり」「ひややかなり」が現れ、中間の感覚と表現とに混乱が生じ、さらに「つめたし」が加わって、いっそう混乱が進んだようです。「冷たい」は、現在、身体の一部に感じる感覚をいうので、区別して使っていることになります。なお、この「冷たし」の語源は「爪痛《つめいた》し」であって、これは多くの人が認めているでしょう。

アプローチ 24

対象に心が惹《ひ》かれてならない感情をいう形容詞――「恋しい」と「懐かしい」と

「恋《こい》しい」の古典語「恋《こひ》し」は、奈良時代から多くの用例を見せますが、その語義に変化がなく、殊に男女間の慕いこがれる気持ちをこの形容詞で表現してきています。現代語には残っていない「恋ふ」という動詞が形容詞化したもので、『万葉集』ではその七割が、『古今和歌集』ではその八割が、男女間のそれぞれの、特定の人物を対象にして用いています。

『古今和歌集』に見る、在原業平《ありわらのなりひら》の「見ずもあらず見もせぬ人の恋しくはあやなく今日《けふ》やながめ暮らさむ」(11四七六)は、恋しく思っている心情を最も適切に詠んでいる一首と見てよいでしょう。お顔を見ていないともいえないような、そうかといって見たともいえないようなお方が恋しく思えてきて、わけもなく、物思いに耽《ふけ》って今日一日を暮らすのだろうか、というのです。

現代語の「恋しい」は、いくらか幅が広くなってきたようです。「この夏は、緑陰が恋しい。」などのように用いるからです。恋しいと思う対象の幅は、せいぜい吉井勇の「かにかくに祇園《ぎをん》は恋し寝《ぬ》るときも枕のしたを水のながるる」ぐらいであってほしいと思っていたからです。ところが、言文一致の、あの二葉亭四迷が『平凡』という小説に、「私なんぞは徐々《そろそろ》昼飯が恋しくなる時分に、漸《ようよ》う起きて来る。」と書いてもいました。昼飯では、「恋しい」に申し訳ない気がしないでしょうか。

「懐かしい」の古典語「懐かし」も、対象に心が惹かれて馴れ親しみたい感情をいう点で、「恋し」に近いといえます。「懐《なつ》く」という動詞から形容詞化した点でも共通します。ただ、室町時代ごろから、この「懐かしい」は、過去の思い出に心が惹かれて慕わしく思う意となってしまいました。そこで、現代語としては、同窓会の席での専用語のようになってしまいました。懐旧の思いをいう言葉になってしまいました。

そこで、古典語の「懐かし」を現代語の語義で読み誤ることのないよう、古文単語集が警告する単語となっています。まず、動詞「懐く」が馴れ親しむ意ですので、その対象の魅力に心惹かれて馴れ親しみたい感情が、主体の主観的な表現であることを確認しておきましょう。次に、対象語を対象格の格助詞「が」の上に想定して、何が懐かしいか、明確にしておくことです。

『万葉集』の「ほととぎす夜声《よごゑ》懐かし網《あみ》ささば花は過ぐとも離《か》れずか鳴かむ」(17三九一七)は、ホトトギスの夜の声が魅力的で心惹かれて馴れ親しみたい、網を張って逃げられなくしたら、(タチバナの)花(が咲く夏)は過ぎても(その枝を)離れずに鳴くだろうか、という意です。『古今和歌集』の「春雨はにほへる色も飽《あ》かなくに香《か》さへ懐かし山吹《やまぶき》の花」(2一二二)も、春雨に濡《ぬ》れてつややかになった色も見飽きないことなのに、その香りまでも心惹かれて馴れ親しみたい、このヤマブキの花は、という意です。

それが、いつか過去の記憶に心惹かれて慕わしい意になっていきます。室町時代ごろから、そうなると、さきほどいいましたが、一例、『平家物語』にありました。「花橘《はなたちばな》の軒近く、風懐かしう薫《かを》りけるに、山ほととぎす一声二声訪れければ、」(灌頂《かんじょう》・女院出家《にょういんしゅっけ》)です。タチバナの花が軒近くに咲いていて、風に吹かれて、昔懐かしく薫りを放っていたときに、というところです。現代語の昔懐かしい意へと移ってきている過程が読み取れましたでしょうか。

アプローチ

25 期待どおりでないことに残念がる感情をいう形容詞――「悔《くや》しい」と「口惜《くちお》しい」と

　自分の行為について後悔する心情をいうところから始まった形容詞でしたが、現在は周辺の事情から期待どおりに進行していないことを残念がる形容詞となっているというと、それは「悔《くや》しい」です。奈良時代から存在した「悔し」です。動詞「悔ゆ」が形容詞化したものです。

『古事記』にも、「…我《わ》が心しぞいや愚《をこ》にして今ぞ悔しき」（歌謡44）とありました。応神天皇が髪長《かみなが》比売《ひめ》を太子にお与えになった時の御歌《みうた》で、二人の関係が既成の事実であるかのように言って、嬢子《おとめ》を失うことを後悔する体《てい》にしているところです。平安時代に下っても、例えば『更級日記《さらしなにっき》』に見る「今は昔のよしなし心も悔しかりけりとのみ思ひ知りはて、」（春秋の定め）も、若いころのたわいない考えも後悔しないではいられなかったとすっかり弁《わきま》え知り、ということで、自身の至らなさについて後悔する意を表しています。

　ところが、その平安時代には、他人や周囲の状況など、自分以外の事情によって夢や期待が裏切られたことから生じる失望・落胆・不満の気持ちを表す形容詞が現れます。「口惜《くちを》し」です。この漢字表記「口惜し」は、宛《あ》て字《じ》であることが明らかなのですが、長い慣行で、これで通用しています。語源は、朽ちるのが惜しいという「朽ち惜し」であろうかと思われています。『土佐日記』の「忘れがたく、口惜しきこと多かれど、え尽くさず。」（二月十六日）は場面的にも、その気持ちがよく理解できるところです。お礼のご挨拶もしていたのに、隣家は、貰《もら》う物だけ貰っておいて、留守のわが家の管理もしてくれてなく荒れ放題に荒れていて、任地で亡くした娘は帰らないのに、その間に育った小松を見る心理などを、「忘れがたく、口惜しきこと」と言っているのです。

鎌倉時代に入ると、その「口惜し」は、情けない意になって「悔やし」との意味の差が見えにくくなっていきます。『平家物語』の「あはれ弓矢取る身ほど口惜しかりけるものはなし。」（9敦盛最期《あつもりさいご》）は武士の身ほど情けないものはない、といっている用例です。熊谷直実《くまがいなおざね》が、一《いち》の谷《たに》で、息子くらいの年齢の平敦盛《たいらのあつもり》を討たなければならない苦しい思いを述べているところです。その不条理がそう言わせているのでしょう。

そのようにして、江戸時代になると、「悔し」と「口惜し」との区別は見られなくなっていきます。近代・現代に入ると「悔しい」だけとなって、「口惜しい」という現代語は、原則的には存在しないといってよいことになっていきます。野間宏の軍隊生活を描いた小説の『真空地帯』のなかに見る「ことに岡本検察官のあのいま思いだしてもくやしい検察は、じっさい林中尉のいうとおりなのだ。」の「くやしい」は、岡本検察官が自分に向けてする加害行為を対象にして言っています。奈良時代・平安時代のあの自分の行為を後悔していう「悔し」ではなく、むしろ「口惜し」の意を担っているといってよい「悔しい」なのです。腹立たしい意といっていいでしょう。「悔」字は、もはや当たらないといってもよいでしょう。

ところで、平安時代には、もう一単語、類義の形容詞がありました。動詞「妬《ねた》む」と語幹を同じくする「妬《ねた》まし」です。瞬間的な当座の腹立ちについていったようです。現代語形「妬ましい」と見られはしますが、古典語「妬まし」を意識して用いる現代語といえましょうか。そして、さらに、「羨《うらや》ましい」とも類義の関係になっているでしょう。

アプローチ 26

満足できる状況にあって心弾《こころはず》む感情をいう形容詞――「嬉《うれ》しい」「楽《たの》しい」など

望ましい事態が実現して満足した感情をいう形容詞というと、「嬉しい」です。次の段階として、満足してうきうきしている感情をいう形容詞というと、「楽しい」です。

「嬉しい」の古典語「嬉し」は、奈良時代から存在しています。『万葉集』の「新《あらた》しき年の始めに思ふどちい群れてをればうれしくもあるか」（19四二八四）は、特に、その満足感が歌い上げられています。仲のよい友だち同士が集まってそう感じている情景が見えてきます。平安時代の『枕草子』には「うれしきもの」という段があって、「うれしきもの　まだ見ぬ物語の一《いち》を見て、いみじうゆかしとのみ思ふが、残り見出《みい》でたる。さて、心劣りするやうもありかし。」（二五八）とありました。見たことのない物語の一巻を見て、読みたいと思っていた、その残りを見つけたときの気持ちを、嬉しいと感じる代表例としておいて、時には、予想外にがっかりするようなこともある、と添えています。そこからは、「嬉しい」の限界が見えてきて、「嬉しい」という感情は、主観的で瞬間的なものと見えてきました。

一般的な傾向として、長い歴史ある形容詞は、複数の語義をもっているといっていいでしょう。ところが、この「嬉し」「嬉しい」には、語義ブランチがなく、多面的に捉えて、幾つかの説明はできても、とにかく語義は一つなのです。ただ、後世に至ると、つまり現代語ということになりますが、「親切にしてくださって、嬉しいです。」など、お礼の表現ともなってきています。

「楽しい」の古典語「楽し」も、奈良時代から存在し、「たぬし」とも発音していました。『古事記』

に「山方《やまかた》に蒔《ま》ける青菜《あをな》も吉備人《きびひと》と共にし摘めばたぬしくもあるか」（歌謡五四）とあって、仁徳天皇が吉備の嬢子《おとめ》と青菜を摘む喜びを歌ったものです。ただ、その後、平安時代末になると、『今昔物語集』の「ソノ後ハ蔵ノ物ヲモ取リ使ヒ、近江《あふみ》ノ所ヲモ領《し》リテ、楽シクテゾ有リケル。」（29四）は、物質的に豊かであることをいっています。その男の誠実さが認められ、所領を譲られ、裕福に暮らしたという、その一話の末尾に見る用例です。『日葡辞書』にも「タノシイ〔Tanoxij〕（財産ある金持ち）」とありました。金持ちだの意の「楽しい」だったといえましょう。

その「楽し」も、近現代語「楽しい」となると、客観的な満足感をいうようになっていました。中島敦の『李陵《りりょう》』の「仕事の魅力とか仕事の情熱とかいう楽しい態《てい》のものではない。」からは、仕事に専念できている時などが、楽しい時ということになるようです。「ゲームが楽しい。」「飲み会が楽しい。」など、いろいろありますが、「仕事が楽しい。」が「楽しい」にとって最もふさわしい用例になってきているようです。

ここで注目したいのは、「嬉しい」が自身についていうのに対して、「楽しい」は、自分たちについていう場面で用いられることです。そして、他者について、その満ち足りた状態を歓迎する姿勢でいったとき、「喜ばしい」が用いられることになりましょうか。「お孫さんのご誕生、喜ばしいことです。」のように、他者についていうものと思っていましたが、芥川龍之介は、『枯野抄《かれのしょう》』で、「かねては草を敷き、土を枕にして死ぬ自分を思ったが、こう云う美しい蒲団の上で、往生の素懐を遂げる事ができるのは何よりも喜ばしい。」というように用いていました。登場人物としての師匠・芭蕉庵桃青が死の四、五日前から繰り返した言葉です。自身を他者として客観視しているのでしょうか。

アプローチ

27 数量等の同等関係をいう形容詞と上接格助詞――「…と等しい」と「…と同じ」と

「等しい」の古典語「等し」も、奈良時代から存在しました。ただ、その用例は『日本書紀』の訓としてですので、鎌倉時代になってからのものですが、古くからの読み方と思っていいでしょう。「この神の形貌《かたち》自《おのづか》ら天雅彦《あめわかひこ》とひとしく相《あひ》似《の》れり。」（神代下・天孫降臨）とあるのです。そこは、「恰然」とあって、そこをヒトシクと訓読しているのです。返し矢で死んだ天雅彦の告別式に友人の味耜高彦根神《あじすきたかひこねのかみ》が会葬しますが、その容姿が酷似していて、遺族から蘇生したかと間違えられるところです。意味も、同量、同数というより、同一物として、ということになりましょうか。そうではあっても、その「等し」の上には格助詞「と」を入れて訓読しています。原文には「与」字があって、それが「と」と読まれるのです。

平安時代の『源氏物語』にも、「等し」は用いられていません。ほとんど同じ、ぐらいの意です。「取る方なく口惜《くちを》しき際《きは》と優《いう》なりとおぼゆばかりすぐれたるとは、数等しくこそはべらめ。」（帚木《ははきぎ》）は、雨夜《あまよ》の品定《しなさだ》めといわれる場面で、何の取り柄《とえ》もなくつまらない女と、優秀と思われる女と、同数でしょう、と、頭中将《とうのちゅうじょう》が言っているところです。「…と、…とは、」というように、この「等し」の上にも、格助詞「と」が配されています。

あるいは数学の授業で学んだ数値が一致することをいう「aがbと等しいとすると、」などの影響で格助詞「と」と形容詞「等しい」とが強く結びついているのかと思ったりしたこともありましたが、実は、奈良時代の昔から、その古典語「等し」も、その上に格助詞「と」を必須としていたのでした。その「と」は、「に」でもよかったようです。中村真一郎の『天使の生活』という作品に「神経質な男にとって、徹夜で台詞《せりふ》を繰り返されるのは、拷問《ごうもん》に等しかった。」とありました。意味も、よく似ている意になっていましょうか。

さて、「等しい」は、同じだ、といってもいいでしょう。その「同じだ」は、形容動詞です。でも、もともとは、シク活用の形容詞「同じ」でした。連用形に相当する「同じく」は、いま、副詞として残っています。明治・大正期の文章には、終止形「同じい」も用いられていました。

実は古典語には、形容詞「同じ」が存在していました。『万葉集』の「あしひきの山はなくもが月見れば同じき里を心隔《へだ》てつ」（18四〇七六）は、連体形の用例です。山などなければよいなあ、月を見ると、同じ里なのに、心まで隔ててしまった、という大伴家持《おおとものやかもち》の歌です。この連体形は漢文訓読では用いられましたが、一般には、終止形と同じ「同じ」でした。大伴池主《いけぬし》は、「月見れば同じ国なり山こそば君があたりを隔てなりけれ」（18四〇七三）というように、「同じ」で連体形とさせています。月を見ると、越前も越中と同じだ、と詠んでいることになります。越前にいる池主が越中にいる家持に贈った一首です。

現代語としては形容動詞化した「同じだ」を見たとき、その上には、格助詞「と」または「に」が、「等しい」と同じく必須となっています。「ひとしい」は、「等しい」だけでなく、「均しい」とも「斉しい」とも漢字表記されます。「均」字は公平の意の感じられるときに、「斉」字はすべてに共通するときに用います。

アプローチ 28

滑稽さや、異常さや怪訝《けげん》さについてもいう形容詞——「おかしい」と、消えた『枕草子』の「をかし」と

『枕草子』に頻出する「をかし」は、現代語にはまったく残っていません。平安時代の殊に女流文学の情趣の魅力は、『枕草子』の「をかし」と源氏物語の「あはれなり」と、さらに「おもしろし」も加えて、その三単語のいずれもが情趣があって素敵《すてき》だと解されています。

その情趣がある意の「をかし」も、名詞「痴《をこ》」が形容詞化したものといわれてきていました。また、その後、動詞「招《を》く」の形容詞化ともいわれています。招き寄せて賞美する姿勢を示すのでしたら、情趣をいう「をかし」も滑稽をいう「をかし」も同源ということができましょうが、この問題は、いかほどに考究を重ねても、限界ある問題としかいえないでしょう。とにかく、現代語「おかしい」には、情趣ある意の用例を見ることはまったくできません。

そうならば、滑稽の「をかし」は、いつごろから用例を見るのでしょうか。『源氏物語』の「直衣《なほし》ばかりを取りて、屏風《びやうぶ》の後ろに入り給ひぬ。中将をかしきを念じて、」（紅葉賀《もみじのが》）の「をかし」は、間違いなく滑稽の「をかし」です。源氏が典侍《ないしのすけ》との逢《あ》う瀬《せ》を見られてはと屏風の後ろに入ったのを知って、頭《とうの》中将《ちゅうじょう》はおかしいのをこらえて、という場面です。これが、滑稽「をかし」の第一号です。

滑稽「をかし」は「可咲《をか》し」「可笑《をか》し」と漢字表記されたりしました。「咲」字も、わらう意で、同じ意味です。現代語の「おかしい」は、すべて、この「可笑しい」が語義派生したものです。芥川龍之介の『秋』の「照子はそれがおかしいと云って、子供のような笑い声を立てた。」は、直ちにその滑稽の「お

かしい」と分かる用例です。「箸《はし》が転《ころ》んでもおかしい年頃《としごろ》」の「おかしい」です。「彼の落語は、おかしくておかしくて。」の「おかしい」です。

それが、いつか、通常ではない異常さをもいうようになっていきます。『今昔物語集』に見る「故《ゆゑ》モ無ク然《さ》ル事ヲ宣《のたま》ヒシカバ、「可咲《をか》シ」ト思ヒテ止《や》ミ侍《はべ》リニキ。」(25一〇)は、その初出と見てよいような用例です。それに続けて、「然ル事思フ人ヤハ在《あ》ル。怪《あや》シキ事也《なり》カシ。」と言っているところから、怪しいことでもあったわけです。大仏《おさらぎ》次郎の『風船』の「あいつ、少し頭おかしいんだ。」などの「おかしい」となってきているのでしょう。「患者の容態がおかしい。」「天候がおかしい。」などの「おかしい」も、そうでしょう。

さらに、その怪しい意味へと転移を重ねて、不審とか怪訝とかいう「おかしい」となっていって現在に至っている用例も見られます。浄瑠璃《じょうるり》の『当流《とうりゅう》小栗判官《おぐりほうがん》』の「御身が小萩を見る度に、をかしい目つきが気に入らぬ。」(四)も、その過程にある用例でしょう。やがて、男女の特別な関係をいう「あの娘《こ》は、課長とおかしくなっている。」などともなっているようです。

清少納言が『枕草子』で「春はあけぼの。」(一)というだけで「春はあけぼのをかし。」の意を表していたのは、それほどに「をかし」を軽々しく用いたくなかったからか、と思おうと思うことがあります。彼女が「をかし」と感じた対象はあまりにも多様であり多種であって数えることもできませんが、その最高位に位置するのは、やはり中宮定子と、その周辺の方々と一緒にいることでしたでしょうか。とにかく、価値高い評価の言葉でした。ところが、その情趣をいう「をかし」は、現代語「おかしい」のなかには、まったく残るところがないのです。どうして残るところなく消えてしまったのか、おかしなことだと思っています。その「おかしな」は「おかしい」の連体詞化したものです。

アプローチ 29

新鮮な価値をいう形容詞と祝意表明の形容詞と——「珍《めずら》しい」と「めでたい」と

現代語としては残っていない「愛《め》づ」という古典語動詞があります。時に、「花を愛でる。」と言う人がいますが、それは、古典語動詞「愛づ」を現代語ふうに活用させて言ったものでしょう。「愛づ」は、そのように現代からは遠くなりましたが、「珍しい」という形容詞や「めでたい」という形容詞は、その「愛づ」が現代語のなかに残ったものなのです。

現代語「珍しい」の古典語「めづらし」は、当然、賞美する価値がある意でした。『万葉集』の「人《ひと》毎《ごと》に折りかざしつつ遊べどもいやめづらしき梅の花かも」（5八二八）は、接頭語「いや」を冠した「いやめづらし」ですが、ますます賞美したくなる心象を述べたものでしょう。そして、現代語の「珍しい」に相当するめったにない意の用例を平安時代に既に見るのです。『源氏物語』の「この皇子《みこ》のおよすけもておはする御容貌《かたち》心ばへありがたくめづらしきまで見え給ふを、」（桐壺《きりつぼ》）は、三歳の光源氏を描写しているところですが、「ありがたく」と並立関係にあるところからも、めったにない意が明らかです。

続いて、風変わりな珍奇さをいうようになりますが、それも平安時代の『蜻蛉日記《かげろうにっき》』に「人にもあらぬ身の上まで書き日記《にき》して、めづらしきさまにもありなむ。」（上・序）とありました。さらに、目新しい新鮮さへと進展します。『徒然草』に見る「何事もめづらしき事を求め異説を好むは、浅才の人の必ずある事なりとぞ。」（一一六）です。やがて、長い無沙汰を重ねて久し振りだの意も表すようになっていきます。歴史物語の『増鏡』に「御消息あれば、めづらしくて御幸あり。」（九・草枕）とありました。

「めでたい」の古典語「めでたし」は、動詞「愛づ」の連用形「めで」に「いたし」が付いて成立しました。魅力的な様子を褒《ほ》め称《たた》えていいました。『竹取物語』の「かぐや姫、元のかたちになりぬ。帝、なほめでたく思《おぼ》し召《め》さるること、せき止めがたし。」（帝の求婚）からも、その意が見えてきましょう。人物の容姿や振る舞い、家具調度や自然の風物に至るまですべてその魅力を褒め称えていう際には、広くこの一単語でいうことができました。『徒然草』の「丹波《たんば》に出雲《いづも》と云ふ所あり。大社《おほやしろ》を移して、めでたくつくれり。」（二三六）は、勧請《かんじょう》した出雲大社の建造物の立派さをいっていることになります。例の子どもたちが悪戯《いたずら》して獅子《しし》・狛犬《こまいぬ》を互いに背中を向けさせて後ろ向きにさせてあったという段です。それをいかにも理由あるかに解した聖海上人《しょうかいしょうにん》が「あなめでたや。」と言っています。すばらしいと感じたことは、すべて「めでたし」だった、といってもいいでしょう。その対象は、実に多種で多様です。

やがて、声や音などについても、「めでたし」でいっているうちに、いつか尊い意にもなりました。評判・権勢・待遇などのすぐれている状況をいう場合にも用いるようになります。絵・書・和歌などの上手《じょうず》な人を褒めていう際にも用いるようになります。そして、喜び祝うに相当すると認めたときにも用いるようになって、祝福するにふさわしい場面に際しても用いるようになります。三好十郎の『獅子《しし》』に見る「今日はまあ嫁見ということで、先方からも人が来て本極《ほんぎ》まりの盃《さかずき》にしようというんじゃから、当家としても、ますますめでたいというわけですよ。」などの「めでたい」です。結婚式の専用語を経て、いま、競技大会の祝辞として繰り返されています。

何が契機となっているのでしょうか。馬鹿正直で騙《だま》されやすい人を「おめでたい」というようになります。接頭語「お」が必須です。逆説的な表現として生まれたもののようです。

アプローチ 30

危険性に気づいたときの心象についていう形容詞――「危《あぶ》ない」と「危《あや》うい」と

危険性が予知されたときに、その気持ちをいう形容詞には、「危ない」と「危うい」とがあります。大まかな印象としては、「危ない」は口頭で言う言葉ですが、「危うい」はそうではなく、また、「危うい」は、具体的な危険性ある事態に直面して用いる言葉ではない、ということです。何よりも注目したいのは、奈良時代の文献には、危険性を予知したときにいう単語が存在しないということです。

「危ない」の古典語「危なし」は、鎌倉初期の歌人である建礼門院右京大夫《けんれいもんいんうきょうのだいぶ》の『建礼門院右京大夫集』の「内裏ちかき火の事ありてすでにあぶなかりしかば、」（詞書）が初出といっていいでしょう。火事で、もうちょっとで危なかった、といっているところです。ただ、軽率で危なかしい意の「あふなし」が、平安時代の『枕草子』や『源氏物語』に僅《わず》かに存在します。『枕草子』は、堺本と呼ばれる本文だけに見るもので、それが後に濁音化して「あぶなし」になったとしても、広く通用していた単語ではないようです。

江戸時代の初めになりましょうか、『書言字考節用集《しょげんじこうせっちょうしゅう》』という国語辞書に「雪踏（アブナシ）俗字 浮雲 同」とあります。「あぶなし」は、「雪踏」とか「浮雲」とかいうように漢字表記されていたのです。雪を踏むのも、浮いている雲も、不安定で、危険性を予知した気持ちをいうのにふさわしいと思ったのでしょうか。

「危ない」にも、死に直結するのか、災害によるのか、人間関係についていうのか、そういう違いはありますが、危険性に気づいたという点では、語義を一つに絞っても問題ない形容詞です。江戸時代の中ごろからは、「危なかしい」「危なっかしい」形をも派生していきます。

「危うい」の古典語「危ふし」は「危《あぶ》なし」より少し早く登場してきています。平安時代初めの『新《しん》撰字鏡《せんじきょう》』という漢和辞書に「帖　臨危也　阿也不志」とありますので、奈良時代から用いられてはいたのでしょうが、記紀の歌謡や『万葉集』までには見られません。『日本書紀』の前田本訓に「然《しか》も縦《ゆる》し賜《たま》ひて国を合《あ》はせても、後世に猶危《なおあや》ふからむ。」（継体六年一二月）とありました。朝鮮外交において、任那《みまな》四県を百済《くだら》に割譲するところです。仮に合併したとしても、後世にはなお危ういこともありましょう、ということでしょうか。

『枕草子』の「「夜更《ふ》けぬ。御門《みかど》、危ふかなり。」など笑ひて出でぬるもあり。」（一七二）は、生《き》まじめな来客が帰っていく際の様子を語っている本文です。「危ふかなり」の「なり」は推定の助動詞で、「危ふか」は「危ふかる」の「る」が撥音《はつおん》化して無表記となったものです。ご門《もん》が不用心《ぶようじん》のようだ、と訳せます。『源氏物語』の「「消えむ空なき」とありし夕《ゆふ》べ思《おぼ》し出《い》でられて、恋しくも、また見ば劣りやせむとさすがに危ふし。」（若紫）は、源氏が尼君の「消えむ空なき」歌の夕べを思い出して、実際にその幼女（後の紫の上）を見たら見劣りするかもしれないと、心配しているところです。気がかりな不安さをいう「危ふし」です。

さきに、『新撰字鏡《しんせんじきょう》』の「危」字の訓「阿也不至《あやふし》」を紹介しましたが、その後の『類聚名義抄《るいじゅみょうぎしょう》』なども、「危」字の訓は「アヤフシ」だけです。そして、漢文訓読も、「君子、危ふきに近寄らず」（論語）など、もっぱら「あやふし」でした。それが、この「あやふし」を文章語化させていったのでしょう。そして、口頭語から遠ざからせたのでしょう。

アプローチ 31

固体・液体・気体から捉えた心象をいう形容詞――「太い」「堅い」など／「熱い」「ぬるい」「冷たい」／「暑い」「寒い」など

物理学が認識させてくれた固体・液体・気体は、さらに、そこから感じ取れる多様な感覚を捉えさせてくれているように思えてきます。そして、その感覚からもそれぞれに応じた心象が生まれ、それぞれにふさわしい形容詞になっていると思います。その多くは、対義語として存在しているようです。場合によっては、対義語の中間に中間語を生んでいることもあると思えてきました。

一定の形と容積とをもっていて容易に変化しない物体が、固体です。その固体を認識したことで、「太い」と「細い」との別が見えてきたように思います。「厚い」と「薄い」とも、そういうなかで見えてきたのだろうと思います。「堅い」が感じられて、「柔らかだ」を「柔らかい」として対応させたようにも思えてきます。

実際の用例として、「太し」も「細し」も奈良時代から存在しています。「厚し」は「暑し」と同源ですが、「厚し」の用例は平安時代以降の用例しか見ません。概して用例数も多くないようです。「薄し」は奈良時代からの用例を見ますし、相応に用例も見られます。「堅し」「硬し」「固し」の語義の差は小さく、また、その相違を認識することは難しいでしょう。その「かたし」は奈良時代から用例を見ます。しかし、対義語としての「柔《やは》らかし」の登場は、江戸時代の末期です。したがって、古典語「柔らかし」は存在しないといったほうがよく、現代語「柔らかい」しか存在しないことになります。追跡してみると、予測したとおり、形容動詞「柔らかなり」から形容詞化したものでした。

一定の体積をもっているけれども、一定の形をもっていないものが、液体です。その液体を認識したことで、「熱い」と「冷たい」との別が見えてきたように思います。その中間も認識されて、そこに「ぬるい」を当てることになったかと思えてきます。

「熱し」は「暑し」と同源ですが、その別は明瞭です。液体から感じ取れるのは、「熱し」です。「熱し」は、平安時代から用例を見ます。「冷たし」も、平安時代から用例を見ます。「冷たし」の語源は、「爪痛し」です。冷たい水に手指を入れたら、爪が痛いでしょう。「熱し」と「冷たし」の中間に位置する「ぬるし」も平安時代から存在します。

一定の形がなく、温度・圧力によって体積が変化するものが、気体です。気体を認識したことで、「暑い」と「寒い」との別が感じ取れました。中間も感じられて、「涼しい」が当てられたのでしょうか。

「暑し」も「寒し」も、奈良時代から存在していたといっていいでしょう。「涼し」もまた、奈良時代から存在しました。ただ、「涼し」には、「寒し」よりも寒いことをいっているかと思えるような用例を見るのです。『日本書紀』の前田家本の訓に「孟冬《かむなづき》の作陰《すずしき》之月《つき》」（雄略即位前）という用例などが見られたからです。平安時代の訓点資料に、類似の用例を見るのです。

現在、温度感覚を表す形容詞について、少なくとも平安時代には、「あつし」「ぬるし」「さむし」「すずし」の、「あつし」と「ぬるし」の中間に「あたたかなり」が、「さむし」「すずし」の中間に「ひややかなり」が配されて、六単語の使い分けがあったとの見方もあります。「涼しい」が現在の位置に入るのは、いつからなのでしょうか。この問題、アプローチ**23**でも触れてきました。

アプローチ 32

空間に存在する位置や地形や堆積《たいせき》をいう形容詞――「遠い」「高い」など／「険《けわ》しい」／「小高《こだか》い」「うず高い」

空間に存在する物象をどれほどに認識して、日本語形容詞としてきているでしょうか。自分がそこにいる位置から認識しようとする物象との隔《へだ》たりから、遠近の感覚が形容詞ともなったと見てよいでしょうか。周辺の地形や堆積も観察した結果として、そこにも形容詞が誕生したであろうと思えてきます。

「遠《とお》い」の古典語「遠《とほ》し」も、「近《ちか》い」の古典語「近《ちか》し」も、ともに奈良時代から存在しています。空間的なというか、地理的な関係を認識していることは、日々の生活においても欠かせないことだったのでしょう。しかも、この「遠し」「近し」は、空間的な隔たりだけでなく、時間的な隔たりについても、この形容詞で表現していました。空間・時間だけでなく、多くの抽象的な関係についても、その「遠し」「近し」で表現してきています。血縁の遠近なども、その一つといえます。

「遠し」の語源については、大槻文彦《おおつきふみひこ》の『大言海』も述べていません。これも、編者没後の刊行ですが、明治二十年刊の谷川士清《ことすが》の『和訓栞《わくんのしおり》』は、「通《とほ》る」に通《かよ》う、としています。仮名遣いの「とほ」が共通するからでしょうが、その関係は認めたいようにも思えます。「近し」は、『大言海』も含めて多くが、手が届く意の「手所《てか》」に語尾「し」が付いたと見ています。その多様な語義の「遠し」「近し」を、『枕草子』のその段がみごとに生かして表現を楽しんでいます。「近うて遠きもの　宮のべの祭。思はぬはらから、親族《しぞく》の仲。（以下、略。）」（一六〇）です。「宮のべの祭」は、陰陽師《おんみょうじ》の修《しゅ》する長寿・家内安全・立身出世を祈る俗祭で、正月・十二月に行われるところから、年を越えて接近しているためにいったものでしょう。
空間については、鉛直《えんちょく》方向に捉えられもします。その結果として、形容詞「高い」「低い」が存在することになります。「高い」の古典語「高し」は奈良時代から存在し、そのまま現代語に至っていますが、「低い」は、「低《ひき》し」から「低《ひく》し」を経て、現代語「低い」となっています。その間に形容動詞「低《ひき》なり」も見られました。

さて、空間というと、地形をどう捉えていうのかが知りたくなります。山や坂や、時には崖《がけ》について、その傾斜が急であるのを、「険《けわ》しい」といいます。平安時代の中ごろから見られます。それ以前は「険《さが》し」が用いられていましたが、その平安時代の末ごろから「険《けは》し」へと交替していきました。事情は分かりません。語源について、『大言海』は、「際《きは》」に語尾「し」が付いたと見ています。「険《さが》し」については、山田孝雄《よしお》や原田芳起が「性」の字音に由来する「さが」に語尾「し」が付いたとしています。険阻《けんそ》な地形に恐るべき「さが」の存在を見たのでしょうか。ところで、「険《けは》し」の対義語は、形容動詞「なだらかなり」です。室町時代からは、「緩《ゆる》やかなり」も見られます。

土地が周辺より少し高くなっている所については、接頭語「小《こ》」を冠した「小高い」が生み出されました。『日葡辞書』に「Codacai（コダカイ）（訳）やや高いこと」とありました。既に現代語形の「い」で言い切っています。室内外ともに積み重なっている量感についても、「うず高い」が生み出されています。古典語「うづ高し」は、平安時代中ごろの訓点に現れ、鎌倉時代から普及しました。「堆《うづたか》し」とも表記します。「うづ」は、もと「うつ」で、積みあげられたさまをいう語でした。

アプローチ 33

時間の位置づけと推移の度合いとをいう形容詞——「早い」「遅い」と「速い」「遅い」と

時間そのものをどう位置づけて捉えるかと、時間の推移の度合いがどうであるかとは、別のことです。しかし、その両者を「はやい」「おそい」で表現することになっています。そこで、その両者を「早い」と「速い」とに書き分けているわけです。漢字の字義を借りて、一単語を二単語にしているといってもいいでしょう。「早い」は、時間の位置づけとしての「はやい」です。「速い」は、時間の推移の度合いとしての「はやい」です。速度をいう「はやい」といってもいいでしょう。

奈良時代・平安時代には、「はやし」だけでなく、時間の位置づけと時間の推移の度合いをいう形容詞として、「疾《と》し」がありました。その「疾し」は、現代語には、副詞「とうに」「とっくに」の「とう」「とっく」に、その連用形「とく」の変形を残すだけとなりました。そういうわけで、「とし」にも「はやし」にも、それぞれ二単語相当の意味があることになります。それらすべての対義語と見てよいのが、「遅《おそ》し」です。

「とし」には、「疾し」だけでなく「利《と》し」と漢字表記されて鋭利だを意味するものと、「敏《と》し」と漢字表記されて敏捷《びんしょう》だを意味するものとがあります。そして、「疾し」には、早いと訳すものと、速いと訳すものとがあることになります。現在は、「はや」に改訓されていますが、『万葉集』の「とく来ても見てましものを山城《やましろ》の高《たか》の槻群《つきむら》散りにけるかも」（3二七七）は、山城の多賀《たが》の槻の林は散ってしまっているというのですから、その「とく」は、早く、でしょう。『土佐日記』の「船とく漕げ。日よきに。」

（二月五日）は、速く、ということになります。

さて、平安時代の「はやし」について見たところでは、時間の推移の度合いをいう、つまり「速し」の用例が一般だったように思えてきます。「早し」は、奈良時代の一部以外は、鎌倉時代の『平家物語』など以降なのです。漢字の学年配当に引かれてでしょうが、「早」字を先にして「速」字を後にしたくなりますが、「はやし」の語義とその時代とを見たとき、「速し」が先で「早し」が後なのです。平安時代は、『蜻蛉日記《かげろうにっき》』の「速くこなたに入り給へ。」（中・天禄二年）で、鎌倉時代は、延慶本《えんきゃうぼん》『平家物語』の「此《こ》の君の御位余りに早し。」（二・中）で、その時代差を受け止めておくのもよいでしょう。

「遅し」は、「疾し」の対義語であり、「速し」の対義語でも「早し」の対義語でもありました。したがって、『源氏物語』の「頭の君、まめやかに「遅し。」と責め給へば、」（帚木）の「遅し」は、「速し」の対義語としての「遅し」ですので、速度がのろいと言って責めていることになるでしょう。そして、それは、速く言えということにもなるでしょう。時代が下って、時間帯をいう「早し」の対義語の「遅し」は、『曾我物語』に見る「祐信《すけのぶ》、「遅し。」と待ち受けて」（三）の「遅し」で、時間が経っているとか、夜が更けたとか、そういうことになるのでしょう。

「はやい」の語幹と結びついた複合語が多く存在します。そして、そのほとんどが、「速」字に相当するのに、「早」字が定着してしまっているものが多いようです。「早口」という表記を見て、どんな意味なのか考え込ませられてしまうことがあります。「早馬」「早鐘《はやがね》」「早業」「テープの早送り」など、すべて字義と一致しません。「手早い」もそうです。どうして、こうなってしまっているのでしょうか。国語表記史の大きなテーマです。

アプローチ

34 程度の極端さや際立《きわだ》っている情況をいう形容詞——「甚《はなは》だしい」と「著《いちじる》しい」と

ここにいう程度が極端である情況とは、よくないことの程度についていっていて、該当する形容詞は「甚だしい」です。また、続いて取り上げる、程度が際立っている情況とは、それとはっきり分かるほどに目立っているということで、該当する形容詞は、「著しい」です。この「甚だしい」と「著しい」とは、程度が極端である情況をいう点で似通っていますので、その相違点を十分に認識しておくことが必要です。

「甚だしい」の古典語「甚だし」は、副詞「甚だ」が形容詞化したものです。その副詞「甚だ」は、天理本『金剛般若経《こんごうはんにゃきょう》集験記《しゅうげんき》』平安初期点という経典の訓点に見る用例が初出です。したがって、「甚だ」も「甚だし」も、和文での用例は限られます。『蜻蛉日記《かげろうにっき》』の「かしこまりをはなはだしうおきたれば、」(下・天延二年)は、ひどく恐れ慎んでいる様子を書いてやったことをいっています。作者から遠度《とおのり》への手紙で、異常なまでの恐懼《きょうく》の表現をしたことについていっているのでしょう。用例数が少ないなかでの注目される一用例です。

「甚だしい」は、近代になってから時々見るようになった、という印象もあります。永井荷風の『ひかげの花』の「その薄暗さは、階下《した》よりもまた一層甚だしいように思われた。」や尾崎紅葉の『金色夜叉《こんじきやしゃ》』の「器量望みの甚だしければ、二十余件の縁談皆意に称《かな》わで、」などが、その用例です。普通の程度を越えていて、しかも、よくないことについていっているといえましょう。現代語としては、会議の席上などでしばしば耳にするのは、「誤解もはなはだしい。」です。

「著しい」の古典語「著し」は、『源氏物語』に見る「いちしるし」や『万葉集』に見る「いちしろし」で、副詞「いと」に「白し」が付いたものでした。『万葉集』の「隠《こも》り沼《ぬ》の下《した》ゆは恋ひむいちしろく人の知るべく嘆きせめやも」(12三〇二二)は、はっきりと人が知るほどに溜息《ためいき》などつこうかという、はっきりと、です。『源氏物語』の「しかいちしるき罪には当たらずとも、この院に目を側《そば》められたてまつらむことは、」(若菜下)は、柏木が女三の宮と関係してしまった罪に恐れおののいているところです。その「いちしるき罪には当たらずとも、」は、大罪の例として、そんな后を犯すような大罪には当たらないにしても、といっているところで、それを「いちしるし」で表現しています。その「著し《いちしる》」も「著し《いちしろ》」も、ク活用なのです。『日葡辞書』も、連用形が「Ichixirŭ(イチシルウ)」でした。

新しいシク活用と旧来のク活用とを混在させる作品として、『源平盛衰記』が話題となったことがありました。そのようにして、江戸時代には、シク活用「著しい《いちじる》」となりました。第三音節もそのように濁音化しました。明らかにそれと分かる様子をいうシク活用系として定着しました。

永井荷風の『ふらんす物語』の「単純な瀟洒《しょうしゃ》な壁の色彩が金銀で塗り立てる事の好きなアメリカの趣味とは非常な相違であると著しく自分の眼を牽《ひ》いた。」や獅子文六の『てんやわんや』の「その事件によって、彼と私の仲が著しく接近したのは、争われぬことであった。」など、眼に見える相違や変化をいっています。現代語としては、「進境いちじるしい。」を最も多く見たり聞いたりするようです。

程度が極端であったり、程度が際立っていたりするというと、近い時代には「すごい」「ものすごい」が存在しますが、重なることなく住み分けているようです。「甚だしい」にいっそう近いのは、「ひどい」でしょうか。「著しい」には、「目覚ましい」が近づいてきています。

アプローチ **35**

恐怖や残酷さなどの極端さをいう形容詞——「恐ろしい」と「ひどい」と

程度が極端であることに気づいたとき、そこに形容詞が必要になります。その程度の極端さを恐怖と結びつけて成立した「恐ろしい」と残酷さで結びつけて成立した「ひどい」とを観察していきます。恐怖そのものを表現する形容詞「怖《こわ》い」ではありません。残酷さそのものを表現する「酷《むご》い」でもありません。しかし、それぞれ最も近いところに存在しています。

「恐ろしい」の古典語「恐ろし」は、平安時代から意味の変化もなく、現代語に至っています。『竹取物語』の「これや我《わ》が求むる山ならむと思ひて、さすがに恐ろしく覚えて、」（蓬莱《ほうらい》の玉《たま》の枝《え》）は、難波《なにわ》から船出したものの、漂流を続けていた倉持《くらもちの》皇子《みこ》に五百日めにかすかに山が見えてきたところです。どんな山か不安に思っている気持ちをいっていて、現代語と同じだといっていいでしょう。ただ、この用法は程度をいうものではなく、恐怖そのものをいっている用例です。

それに対して、『栄花物語』の「御はらからの殿ばらは失《う》せもておはしたるに、かく久しく世をたもたせ給ひつるもいと恐ろし。」（月の宴）は、ご兄弟の殿方は次々と他界しておられるのに、この殿（実頼《さねより》）だけが長く政権をおもちでいらっしゃったのは、大したものだ、といっているところです。その大したものだというのが、程度の極端さをいう「恐ろし」です。その意味は、大したものだだから、驚きだともなっていきます。伊藤左千夫の『野菊の墓』の「そうなると恐ろしいもので、物を云うにも思い切った言《こと》は云えなくなる。」が、その驚きに相当する「恐ろしい」ということになりましょうか。

程度の極端さをいう「恐ろしい」は、いま、連用形「恐ろしく」で続く他の形容詞や形容動詞を修飾する用法として活躍しています。「恐ろしく速く走るリニアモーターカー」「恐ろしく優秀な成績」などです。とにかく、恐怖そのものではない「恐ろしい」です。終止形の用例には、「執念は恐ろしい。」など、恐怖そのものをいうのか、程度の極端さをいうのか、判断に苦しむものも見られます。

「ひどい」には、古典語といえるほどの過去の時代の用例がありません。江戸時代末に名詞「非道」が形容詞化したもので、坪内逍遥の『当世書生気質《とうせいしょせいかたぎ》』の「それゃあ非道《ひど》い。」に見るように、そのように漢字表記していました。その後、その意味と結びつけて、「酷《ひど》い」と表記されてきてもいます。そこで、「ひどい」については、残酷だといっているのか、程度の極端さをいっているのか、読み分けが必要です。よく使う「ひどい目にあう。」の「ひどい」は、多くが「酷《ひど》い」です。さらにいえば、「非道《ひど》い」です。どんなに小さなことでも、「ひどい目」と言っている声は、残酷な出会いと思っていることになります。一方、それ以外の「ひどい」は、程度の極端さをいうもので、「ひどく叱《しか》られた。」「ひどく咳《せ》き込む。」「ひどい渋滞だ。」「ひどい成績だ。」など、望ましくない情況についていっているようです。ただ、ちょっと古い、太宰治の『日の出前』の「幼い頃から、ひどく犬が好きで、」を知って驚いた日がありました。でも、やはり、悪い出会いについていうのが一般でしょう。

ここで、はっきりしたことがあります。「怖《こわ》い」に言い換えられる「恐ろしい」は、程度の極端さをいうものではないということです。「酷《むご》い」に言い換えられる「ひどい」は、「酷《ひど》い」「非道《ひど》い」であって、程度の極端さをいうものではないということです。

アプローチ **36**

物事の程度が並外《なみはず》れて顕著である情況をいう形容詞——「すごい」「ものすごい」「すさまじい」など

その程度が並外れて顕著であったら、当然、その情況を表現する形容詞が必要となるでしょう。程度は、ある物事を他の物事と比較したときに感じとれる大小・強弱・優劣などの度合いです。その程度が普通と大きく外れているとき、その情況を「すごい」とか「ものすごい」とかで表現します。ちょっと古い印象の表現ですが、勢いや顔つきについては、「すさまじい」を用いることもあるようです。

「すごい」の古典語「すごし」は、平安時代から現れます。『源氏物語』の「かの物に襲はれし折《をり》思ひ出でられて、荒れたるさまは劣らざめるを、程《ほど》の狭《せば》う、人気《ひとげ》の少しあるなどに慰めたれど、すごう、うたていざとき心地する夜のさまなり。」（末摘花《すえつむはな》）は、あの某《なにがし》の院で物《もの》の怪《け》に襲われた時のことを思い出して、不気味で寝つかれそうにない夜の描写です。その不気味さをいう形容詞が、この「すごう」で、「すごし」の連用形ウ音便です。気味が悪い情況をいうのが、一番最初の意味でした。

「すごし」は、その後、荒涼《こうりょう》としている、ぞっとするほど美しいなどの意を経て、現代語の程度が並外れて顕著な情況をいうようになってきています。度合いだけをいって、色も形もない形容詞です。福永武彦の『草の花』の「「すごいね、猛烈なファイトだね」と私は言った。」の場合、続く「ファイト」があるから、どんな「すごい」かが分かることになるのです。

「ものすごい」の古典語「ものすごし」は、鎌倉時代から存在しましたが、用例は限られます。一般には、古典語の形容詞が語頭に「もの」を冠すると、何となくという意が加わるのですが、「物すごし」は、非常に気味が悪いということになるのです。ものすごく不気味だ、なのです。『日葡辞書』に「Monosugoi（モノスゴイ）（訳）大きな森のように、寂しく恐ろしい。」とあるのを見て、やっとその意味が分かりました。現代語の「ものすごい」は、ものすごく不気味だの不気味だが消えたものかと思っています。「すごい」よりもさらにすごいのが「ものすごい」ということになるのでしょう。「すごく寒い。」と「ものすごく寒い。」とから、その違いが見えてくるでしょう。

さて、「すさまじい」の古典語「すさまじ」というと、あの『枕草子』の、その段が見えてくるでしょう。「すさまじきもの　昼吠《ほ》ゆる犬。春の網代《あじろ》。三、四月の紅梅の衣《きぬ》。牛死にたる牛飼《うしかひ》。ちご亡《な》くなりたる産屋《うぶや》。火おこさぬ炭櫃《すびつ》、地火炉《ぢくわろ》。博士《はかせ》のうち続《つづ》き女児《をんなご》生ませたる。方違《かたたが》へに行きたるに、あるじせぬ所。まいて節分《せちぶん》などは、いとすさまじ。」（二三）です。そこでは、番犬は夜吠えなければ役に立たないのに、昼吠える犬など興ざめだを筆頭に、以下すべて不調和な事例を挙げて、どれもこれも興ざめだといっています。

古典語「すさまじ」は、用例はともかく、奈良時代から存在していたと見てよいでしょう。その意味は、風などが寒い、冷たい意味でした。その後、冷たく感じるほど白い意でも用いられました。『枕草子』に見た不調和さに対していう、興ざめだの意は、それに続くものと見なければなりません。さらに、恐怖を感じる意や冷淡な感じをいう意にも、また、生活が苦しい意にも用いられ、江戸時代の中ごろから現代の程度の顕著さをいう用例を見せるようになります。

「すごい」も「すさまじい」も、「凄惨《せいさん》」「凄絶《せいぜつ》」などの「凄」という漢字を当てています。「凄《すご》い」でもあり、「凄《すさ》まじい」でもあることになります。「凄《すご》し」は、「醜《しこ》」という名詞に語尾「し」が付いて成立したかと見る説までがありました。「凄《すさ》まじ」は、動詞「荒《すさ》む」が形容詞化したものです。

アプローチ **37**

対人関係での接し方や振る舞いなどをいう形容詞——「やさしい」「おとなしい」「きびしい」「きつい」など

例えば市役所の窓口などで対応してくれた職員にも、親切な人もそうでない人もいて、その印象を家族や友人に話すとき、どんな形容詞を用いることになるでしょうか。何十年ぶりかの同窓会の前日、Aくんはどんな人だったか、Bさんはどんな人だったか、思い出すとしたら、どんな形容詞を用いることになるでしょうか。「やさしい」「おとなしい」、また「きびしい」「きつい」などが浮かんできます。

「やさしい」の古典語「やさし」は、奈良時代には恥ずかしいという意味でした。『万葉集』の山上《やまのうえの》憶良《おくら》の「世の中を憂《う》しとやさしと思へども飛び立ちかねつ鳥にしあらねば」（5八九三）は、世の中は嫌《いや》なものだ、肩身が狭いほど耐えがたいと思うが、鳥ではないので飛び立つことができなかった、という意です。動詞「痩《や》す」が形容詞化した「やさし」ですから、身が細るように恥ずかしい、が原義なのです。それが、鎌倉時代、歌壇の標語として、優美で風情あるさまをいうようになりました。鴨長明《かものちょうめい》の『無名抄《むみょうしょう》』や『後鳥羽院御口伝《ごとばいんごくでん》』などからもうかがえます。さらに、殊勝である意の誉《ほ》め言葉として用いられたり、情け深い意に用いられたりした後、現代の暖かい思いやりある性情をいうようになりました。漢字表記「優しい」は、優美だを意味した時からでしょうか。

「おとなしい」の古典語「おとなし」は、名詞「大人《おとな》」が形容詞化したもので、平安時代からの言葉です。一族の長らしい、また、年長者らしい思慮分別があることをいいました。『大鏡』の「さるべくおとなしき人々、なにがしかがしといふいみじき源氏の武者《むしゃ》たちをこそ、御送りに添へられたりけれ。」（花山院）

は、粟田殿《あわたどの》（道兼《みちかね》）が花山天皇を騙《だま》して出家させてしまうところです。その時の護衛の人たちは、そういう際にふさわしい源氏の武者たちを付き添わせた、というのです。思慮分別のある人は、当然、成人している人で、そういう意味でも用いられて、現代の従順で温和である意になります。

「厳《きび》しい」の古典語「厳し」は、警備が厳重である意から始まりました。平安時代の『枕草子』にも『源氏物語』にも、そういう用例が見られます。鎌倉時代には、山頂などの険《けわ》しい様子や寒暑の程度のひどい状況、また、隙間《すきま》なく詰《つ》まっている意味などのほかに、人に対する態度に容赦がなく、苛酷である振る舞いについてもいうようになりました。米沢本『沙石集』の「此のあるじは、きびしくはしたなき物を忌《い》み、」（二・三）などです。その容赦ない苛酷である意が、現代語にも残って、「あの先生は、厳しい。」などとなっているということになります。江戸時代には、普通ではなく大したものだの意を表した用例も見られましたが、もう残っていません。

「きつい」は、室町時代以降の用例しか見ません。刺激が強い意のほか、怺《こら》えたり成《な》し遂《と》げたりするのが大変な、物理的に隙《す》き間《ま》がない、その他幾つか類似の意味に加えて、人の気性が激しく容赦しないなどの意を表しています。『史記抄』という、『史記』の注釈書に「言は性がきりきざむ様にきつうて遠慮がないぞ。」とありました。「言」は、ゲンと音で読んで、表現を意味するでしょう。「性」は、気性《きしょう》を意味します。当時の表記は、気象《きしょう》のほうが一般かもしれません。「性」の読みは、漢音で、セイでしょうか。現代語としては、「厳しい」には厳格な姿勢での容赦しない振る舞いが、「きつい」には負けん気からの容赦しない態度が、それぞれ見えてきますが、どうでしょうか。

「やさしい」「厳しい」は、対人関係を意識して捉えた形容詞です。「おとなしい」「きつい」は、その個人の姿勢を捉えた形容詞です。

アプローチ

38 幼児に感じられる可憐な心象をいう形容詞——「愛くるしい」「愛らしい」「可愛《かわい》い」「可愛《かわい》らしい」など

古典語の「うつくし」が可愛《かわい》らしい意であることは、よく知られています。『竹取物語』のかぐや姫の生い立ちのところに、「それを見れば、三寸ばかりなる人、いとうつくしうてゐたり。」とあって、中学生のころに、誰《だれ》もがそこを読んでいるからです。たいへん可愛らしい様子で、その竹の筒《つつ》の中に座っていた、というところです。

さて、幼少の、殊に女の子をそのようにいっていた古典語「うつくし」を、いつごろから別の形容詞に交替させることになったのでしょうか。「うつくし」の訳語には、可愛いや可愛らしいだけでなく、愛らしいも挙げられていますが、その愛らしいは、愛くるしいとどのように異なるのでしょうか。

鎌倉時代、語源として「顔映《かほは》ゆし」が想定される「かはゆし」が、恥ずかしい、また気の毒だの意を担っていました。『徒然草』の「年老い、袈裟《けさ》かけたる法師の、小童《こわらは》の肩を押さへて、聞こえぬ事どもを言ひつつ、よろめきたるいとかはゆし。」（一七五）は、酒に酔った老法師の醜態を取り上げて、可哀《かわい》そうだ、といっているところです。その「かはゆし」が、江戸時代には現代語の可愛いの意になりました。『鉄眼《てつげん》禅師仮名法語』に「にくしとおもふもかはゆしとおもふも、みなみづからがおもひなしなり。」とありました。語形も、「かはいい」となり、発音も、『日葡辞書』に「Cauaii（カワイイ）」とあるとおりです。ここで問題となるのは、「可愛い」という漢字表記が、「かはいい」に当てられたのか、「かあいい」に当てられたのか、どちらなのかということです。接尾語「らしい」を付けた「可愛らしい」も、「かわいらしい」でもあり、「かあいらしい」でもあって、その漢字表記の成立順が確かめたくなってきます。「かほはゆし」から「かはゆし」へと転じ、さらに「かはゆい」となってから「かはいい」になり、「かはいい」となってから「かあいい」になったことは明らかです。ただ、宛《あ》て字《じ》「可愛」は、どの段階からなのでしょうか。「かあいい」「かあいらしい」の「かあい」を待って「可愛」を宛てたのでしょうか。

「愛らしい」は、米沢本『沙石集』に「わらはが養ひ姫は、御みめのうつくしくおはして、御目は細々としてあいらしくおはするぞ。」（一一〇）とあり、文明本『節用集』にも『日葡辞書』にも登録されていますます。その「あいらしい」はsweet,pretty,lovelyの訳語としても定着しているので、近代の成立のようにも思えますが、そうではなかったのです。米沢本『沙石集』の、その用例は、一字漢語「愛」が接尾語「らし」を伴った早い時期の用例となります。ただやはり、近代語・現代語の「愛らしい少女」の「愛らしい」は、欧米ふうのものを感じてしまいます。

「愛くるしい」は、江戸時代からの用例に限られます。「愛くろしい」ともいっていて、どちらが先行するか分かりません。「くるしい」も「くろしい」も、接尾語ということになりますが、そのような様子だという意を添えるということぐらいしかいえないでしょう。

幼児の可憐さをいう幾つかの形容詞のうち、「愛らしい」が欧米ふうの感じがして瀟洒《しょうしゃ》にも見えてきます。「愛くるしい」というと、ゼロ歳児からせいぜい三歳ぐらいまでで、あどけなさが感じ取れた時でしょうか。「可愛《かわい》い」は、幼児に向けてでしたら、広くそういうでしょう。その「可愛い」にもうちょっと可愛さを感じたら、「可愛らしい」といっているように思います。『竹取物語』などの「うつくし」が、その後、美一般を指していうようになっていく一方で、「可愛い」「可愛らしい」「愛らしい」「愛くるしい」などが、「うつくし」の美以外の意味を担っていたことになります。

アプローチ 39

女性の不適切な振る舞いを非難していう形容詞——「あられもない」、併せて「みっともない」も

現代人は、男性と子どもを除いて、女性に限ってこの形容詞を用いますが、江戸時代には、そうでないこともありました。この形容詞「あられもない」は、その江戸時代以降しか見ることはできません。表現の形態としても、江戸時代だから見られる語形だといえましょう。

浄瑠璃《じょうるり》の『平家女護島《へいけにょごがしま》』に「女の丸裸、(略)若布荒布《わかめあらめ》あられもない裸身《はだかみ》に、鱧《はも》がぬら付きぼらがこそぐる、かざみがつめる。」(二)は、女性が裸でいるところに、鱧がぬらぬらし、鯔《ぼら》がくすぐり蝤蛑《かざみ》という蟹《かに》がつねる、といっているところです。その女性の裸に連体修飾語「あられもない」を付けて、そうあってはならない女性の裸体を描写しています。「若布荒布」の「あらめ」は、「あられもない」を引き出すための序詞《じょことば》のようなものでしょうか。女体の猟奇です。

初出は、『難波鉦《なにわのかね》』という評判記です。遊女評判などには期待される形容詞だったことでしょう。この形容詞を見ただけで、その、女性の平素は見られない姿態が見えてこようと思います。柳沢淇園《やなぎさわきえん》という漢詩人・画家の随筆『独寝《ひとりね》』にも、「げんざいあられもない、ととさまかかさまにも見せぬはづかしひ《ママ》所を、」とありました。この形容詞だけで女性のどこかが感じ取れるようです。

ただ、その淇園は、単にありえないとかとんでもない意でも用いていました。「せめて思ふ人にも逢ふ夢にても見るかな。あられも無き人とものいひがはし、恐ろしき峰より落つる夢など見、」というようにもあったのです。予想もできないような相手と結婚の約束をするような夢を見、というところです。

「あられ」は、動詞「あり」の未然形「あら」に可能の助動詞「る」の未然形「れ」が本来です。その下に打消の助動詞「ず」の連体形「ぬ」が付いた「あられぬ」が本来の表現でした。それを「あられ」までに名詞性をもたせ、助詞「も」を挟んで非存在の「なし」を付けて、成句化させたのです。「あられ」の「れ」も、未然形ではなく、連用形と見なければならないことになります。

近代語・現代語としては、女性が女性らしくない姿格好《すがたかっこう》をいう場合に限られていったようです。永井荷風の『腕くらべ』の「強盗にでも辱《はずかし》められたようなあられもない寝ざま、」を挙げておきましょう。捉え方によっては「みっともない」とも「似つかわしくない」ともいえましょうか。

その「みっともない」は、「見たくもない」が「見とうもない」「見ともない」を経て成立した形容詞です。江戸時代の浮世草子の『当世芝居気質《とうせいしばいかたぎ》』に「旦那様其《その》なりはみっともない。褌《はだのおび》をして行きなさい。」（4二）とありました。はだのおびとは、褌《ふんどし》のことです。褌もしないで、みっともないと言っているところです。その原形「見たくもなし」は、室町時代には存在していたことになります。希望の助動詞「たし」は、平安時代末期の『栄花物語』が初出です。「見たくもなし」は、鎌倉時代を経て、室町時代には、「みっともない」となっています。

いま一つの「似つかわしくない」ですが、まず、「似つかわしい」が存在していなければなりません。その古典語「似つかはし」は、なんと、平安時代の早い時期の『土佐日記』に見られます。「幼き童の言《こと》にては、似つかはし。」（一月二十二日）です。『源氏物語』などにも出て来ます。その「似つかわしい」が、近年、それを否定する「似つかわしくない」として定着しようとしています。形容詞を否定する、その「ない」も形容詞で、補助形容詞と呼ばれる用法のものです。アプローチ**43**で、学習します。

アプローチ 40 主観的表現にも客観的表現にもなりうる形容詞──「こわい」の主観的表現の用例／「さびしい」の客観的表現の用例

アプローチ5において、主観的表現のシク活用系形容詞と客観的表現のク活用系形容詞とを確認したうえで、主観的表現と客観的表現とのどちらにも用いられる形容詞についても紹介しました。この問題を取り上げた時枝誠記は、「この犬はこはい。」という例文を挙げて解説しています。ここでは、その「こわい」という形容詞と「さびしい」という形容詞とで説明していきます。

「こわい」は、「恐い」とも「怖い」とも表記されます。その「恐い」「怖い」に一般的な使い分けの慣行はありませんが、筆者は、誰もが共通して受けとめる「こわい」には「恐い」を、自分だけがそう感じた時の「こわい」には「怖い」を用いる傾向があります。そこで、客観的表現用例として、「番犬として飼われている犬は恐いに決まっている。」（A文）が浮かんできました。それに対して、主観的表現用例として「暗闇から出てきたその犬は、実に怖かった。」（B文）が浮かんできました。同じク活用系形容詞「こわい」ですが、A文の「こわい」は誰もがそのように判断する形容詞です。それに対して、B文の「こわい」は暗闇から出てきた犬を見たその人だけが感じ取って表現した形容詞です。漢字表記の別は筆者の傾向でしかありませんので、それらをひらがなに書き換えて、もう一度その違いを確認してみてください。「こわい」という形容詞には、客観的表現用法も主観的表現用法もあることが確認されたと思います。

「さびしい」にも「寂しい」という漢字表記も「淋しい」という漢字表記もありますが、今度は、すべてひらがな書きで例文をつくってみます。主観的表現用例は「町外れの墓地への夜道は、本当にさびしかった。」（C文）でどうでしょうか。それに対して、客観的表現用例は、「人通りのない夜道はさびしいことだろう。」（D文）としましょう。同じシク活用系形容詞「さびしい」ですが、主観的表現用法も客観的表現用法も見ることができました。

ク活用系形容詞は属性形容詞であり、客観的表現となるのが一般的傾向です。シク活用系形容詞は情意形容詞であり、主観的表現となるのが一般的傾向です。そうではあっても、ク活用系形容詞でも主観的表現ともなり、シク活用系形容詞でも客観的表現ともなる形容詞も存在するのです。時枝は、その確認をしたうえで、古典語の「はづかし」「ゆかし」「あやし」の読解法を紹介しています。

「はづかし」は、主観的表現用法として、自分の欠点などに気づいて面目なく感じられる自分の気持ちを表現します。『源氏物語』の「人の親げなくおはしますを、めづらしくて、年月隔てて見奉り給ふは、いと恥づかしけれど、なほけざやかなる隔てもなくて、御物語聞こえ交はし給ふ。」（若菜上）がそれで、四十の賀を迎えた源氏は子をもつ親とは見えず、その姿を見た玉鬘が気恥ずかしい思いでいるが、お互い言葉を交わしています。それに対して、『枕草子』の「はづかしきもの　男の心のうち。いさとき夜居《よゐ》の僧。」（一二〇）は、どうでしょうか。気後れされるものとして、男の心のうちや目敏《めざと》い夜居《よい》の僧を挙げています。こちらは、客観的表現としての「はづかし」だと見ています。そういうわけで、「はづかし」は、主観的表現にも客観的表現にも用いられる形容詞であることになります。そして、主観的表現においては主語を、客観的表現においては対象語を、それぞれ認識することが読解だといっているのでしょう。

アプローチ 41

「ない」が語末となっている形容詞の四群の別——述語の「無い」／打消の「ない」／補助形容詞の「ない」／接尾語の「甚《な》い」

一単語としての語末が「ない」となっている形容詞は、四群に整理することができます。A群は、形容詞「無い」が語末となっているもので、直上に主語に相当する語があります。B群は、打消の助動詞「ない」が付いて成立した形容詞です。直上には、動詞の未然形が必須です。次のC群は、形容詞や断定の助動詞「だ」の連用形などに係助詞「も」を介して接続している補助形容詞といわれる「ない」です。最後のD群は、A、B、C群以外といってもよいでしょう。そのD群は、古典語の時代にはもうちょっとあったのですが、もう用いられなくなっているものもあって、現代語としては限られます。以下に、それぞれの該当用例を引いて、見分け方など説明してまいります。

A群は、まず、和語名詞に付く「情けない」が挙げられます。その和語名詞には、動詞が名詞化したものもあって、「頼りない」などです。接尾語「気《け》」を伴った「味気《あじけ》」に付いた「味気ない」もそうです。形式名詞「こと」によって名詞句となったというか、「止むこと」に付いた「止むことなし」の現代語形「やんごとない」も、この一群です。漢語名詞に付いたものもあって、「如才ない」もその一例です。

右の語末の「ない」が、形容詞「無い」であることを証明するには、直上の主語を受けた述語として非存在を表現していることが確認できたらよいでしょう。直上の名詞「情け」が主語となっていて、主格の格助詞「が」が表されていないだけで、続く「ある」や「ない」が述語となることは明らかです。述語となる、その形容詞の「ない」は非存在を表し、「無い」と表記することができます。

Ｂ群は、動詞の未然形に打消の助動詞「ない」が付いているということで、その「ない」を「ぬ」に言い換えることもできるわけです。味気ないやおもしろくないに通う印象を「つまらない」で表現することもあります。「詰まる」というラ行五段活用動詞の未然形「詰まら」に打消の助動詞「ない」が付いて成立したものです。「煮えきらない」「憎めない」「底知れない」などが、その打消の助動詞「ない」が付いて、一単語の形容詞として認められている用例です。

Ｃ群については、それを形容詞と認めるかどうか判断の揺れるものもあることになるでしょう。「みっともない」の原形「見たくもなし」は、「見たくもあらず」の「あらず」という補助動詞「あり」の未然形「あら」に打消の助動詞「ず」が付いた「あらず」を補助形容詞「なし」に言い換えたものです。現代語としては、未発達形容動詞の連用形に係助詞「も」を付けた「碌《ろく》でもない」の「ない」が、その補助形容詞の「ない」です。小松政夫でしたでしょうか、あの「お呼びでない」を形容詞と認めるならば、その「ない」も補助形容詞となります。追って、アプローチ**43**で詳述しましょう。

Ｄ群は、「おぼつかない」や「はしたない」などの「ない」です。ともに、古典語としても古い歴史ある形容詞です。「おぼつか」の「おぼ」は「おぼろ」「おぼめく」の「おぼ」、「つか」は「あはつか」「ふつつか」の「つか」で、不明瞭な状態を意味し、「なし」は、その意を強調しているぐらいにしか感じ取れません。「はした」は、それだけで名詞「端《はした》」でもあって、中途半端だの意で、「なし」には、同じく強調する意ぐらいしか見えません。それら「なし」については、「甚し」や「如し」の漢字表記が当てられ、その状態が甚だしい意を表すものと解されてきています。形容詞語末の「なし」には、以上の四群があったのです。

アプローチ 42

述語形容詞が主語と結びついて成立した形容詞——「情け無い」「頼り無い」「味気《あじけ》無い」「止《や》んごと無い」「如才《じょさい》無い」など

何々が無いというように非存在を認識することで、形容詞をつくり上げてきていることに気づかされます。その主格を示す「が」助詞が古くは不要でしたので、述語であった形容詞との関係を〔が〕で示すと、関係がよく見えてきます。

和語名詞に「無い」が付いた「情け〔が〕無い」は、平安時代から薄情だの意で存在し、現代語としては自身の心境をいうようになってきています。客観的描写語から主観的告白語になってきています。「心〔が〕無い」も、平安時代から存在し、こちらは、ずっと客観的な非難の表現に用いられています。

和語動詞の連用形が名詞化した、いわゆる連用形名詞に、「無い」が付いた「頼り〔が〕無し」も、平安時代から存在し、心細さや、不安感を訴える際に用いてきています。「限り〔が〕無し」は奈良時代から存在し、永遠を期待して祝う場などに採用されてきました。「果てし無し」は、古典語時代に副助詞とも間接助詞ともされる「し」が介入していて、「果て〔が〕無し」と同じです。「果て」は動詞「果つ」の連用形名詞で、これも平安時代から用例を見ます。ここで、動詞の未然形に打消の助動詞「なし」が付いたものであるのに、この一群に誤られやすいものを紹介しておきます。「忍びない」です。詳しくは、アプローチ**92**でご確認ください。この一単語の成立だけで、一つのアプローチとしています。

次は、「味気《あじけ》〔が〕無い」のように接尾語「気《け》」を付けた名詞に「無い」が付いて成立した形容詞について見ていきましょう。「呆気《あっけ》〔が〕無い」がありますが、その「呆気」の「呆《あっ》」とは何なのでしょうか。江戸時代から用例を見ますが、『大言海』には、口を開けるという「あけ」の急呼《きゅうこ》だとありました。「素《そ》っ気《け》〔が〕ない」の「素っ」は、字音語名詞「素」に促音が入ったものでしょうか。明治になってからの用例しかありません。濁音の接尾語「気《げ》」を付けたものとして、「然《さ》り気《げ》〔が〕無い」の古典語「然り気無し」が平安時代から、「何気《なにげ》〔が〕無い」が江戸時代から、それぞれ見られます。

「止《や》んごと〔が〕無い」の古典語は、『源氏物語』の冒頭に出て来る「いとやむごとなき際《きは》にはあらぬが、優れて時めき給ふありけり。」（桐壺）の「やむごとなし」です。現代語としては、天皇家につながるお家柄やお血筋についていう以外、用いる場がないでしょう。同趣のものとしては、「拠《よ》りどころ〔が〕無し」があります。『枕草子』にも『源氏物語』にも用いられていて、当初は頼りにする所がないという意味でしたが、現在は、「よんどころない用事で欠席したい。」など自己の弁明に用いるようになっています。

漢語名詞に付いた「如才《じょさい》〔が〕無い」は、「如才」の意味が分からないと、分からないでしょう。「如才」（如在）は、『論語』にも出て来て、慎むことを意味する一方、疎略にすることや手落ちを意味します。その後者が当たり、『無い』を伴うことで、愛想《あいそ》がよい意を表し、室町時代から登場します。「所在〔が〕無い」も、「所在」の理解が難しいのです。居場所の意も行為の意もあって、居場所が無い意とも、することが無い意ともなるからです。現在は、後者だけを意味しています。登場は、大まかにいって、江戸時代からです。「頑是《がんぜ》〔が〕無い」「屈託《くったく》〔が〕無い」「造作《ぞうさ》〔が〕無い」「腹蔵《ふくぞう》〔が〕無い」なども、江戸時代から見られます。「勿体《もったい》〔が〕無い」は鎌倉時代には態度が不都合だの意の「勿体無し」でしたが、その後、捨てたりするのは惜しい意となっています。

右に述べた「無い」が、古典語時代から存在していた場合は、それらはみな、当然、「無し」です。平生は、概念が希薄なので仮名書きしますが、非存在の確認には、「無」を当ててみましょう。

アプローチ 43

補助形容詞「ない」を用いることで成立した形容詞——「お呼びでない」「気が気でない」「何《なん》でもない」「碌《ろく》でもない」

アプローチ41で触れた「お呼びでない」が、どのように構成されているかを考えてみようと思います。「お呼びでない」から「ない」を取り除くと、「お呼びで」となり、それを言い切りの形にすると、「お呼びだ」となります。その「だ」は、断定の助動詞です。「お呼び」という、必要とされている存在ぐらいの意の名詞に、断定の助動詞「だ」の付いた「お呼びだ」が、「ない」の付かない形となります。

断定の助動詞「だ」の前身は、古典語の断定の助動詞「なり」でした。その「なり」の連用形は「に」で、補助動詞といわれる「あり」を分離させた残部と見ることができます。「なり」を「に―あり」と分離させた「に」と「あり」の間には、接続助詞「て」が介在し、やがて、音韻上の変化を見せ、併せて「あり」も「ある」となって「である」となります。室町時代末のことです。それが「であ」となり、「ぢゃ」となり、「だ」となっているのです。したがって、その「で」の下には、分離された補助動詞「ある」があるものと見えてきます。

そこで、「お呼びだ」を否定するとなると、「お呼びで」に続く「ある」を「あらず」にしようと考えますが、その「あらず」を「なし」に言い換え、「なし」の現代語形「ない」にしたものが「お呼びでない」です。「お呼びでない」は、そのようにして成立したものと見ることができます。その「あらず」の「あら」、つまり「ある」、さらには「あり」は、既に触れてきているように補助動詞でした。上にある語や語句を補助するためだけに存在する動詞です。そこで、新たに、「あらず」に代わった「なし」の現代語形「ない」も、「お呼びで」の補助語として補助しているので、補助形容詞と呼んで取り扱われます。そういうわけで、「お呼びでない奴」の「お呼びでない」を一語化した形容詞と見るなら、補助形容詞「ない」を用いることによって成立した形容詞ということになるでしょう。

「気が気でない」も、その「で」は断定の助動詞「だ」の連用形で、続く「ない」は補助形容詞の「ない」です。「気が気でない」で、落ち着いていられないという焦燥感《しょうそうかん》が感じ取れます。二葉亭四迷が『浮雲』に「今にも一代颶風《いちだいぐふう》が吹き起こりそうに見える、気が気で無い。」と用いていました。「なんでもない」も、その補助形容詞を用いることで成立しています。「何《なに》」という不定称の指示代名詞の下の「で」は、これも、断定の助動詞「だ」の連用形です。「だ」は、「である」と見てよく、その「ある」を、かつては「ず」で打ち消して「あらず」といっていました。その「あらず」を「なし」に言い換えたものが、「ない」に転じたのです。その「ない」ですから、補助形容詞です。その「何《なん》でもない」の成立はちょっと古く、『日葡辞書』に「Nandemo nai（ナンデモナイ）」とありました。別にどうということもないと無視する姿勢をいう表現です。

「碌《ろく》でもない」の「碌で」については、さきに、アプローチ41において、未発達形容動詞というように紹介しました。「碌」は、平坦なことや真《ま》っ直《す》ぐなこと、また平穏なことの意の名詞でしたが、「碌だ」という形容動詞にもなりそうで、なりきらないままとなっています。連体形といえる「碌な」は、連体詞として残っています。「碌なことはない。」の「碌な」です。「碌に」という副詞も、連用形の一つになろうとしていた語形が残ったものです。「碌にてもあらず」の「にて」を「で」に、「あらず」を「なし」に言い換えたものが、「碌でなし」という名詞です。「碌でもない」は、「あれは碌でもない奴だ。」「碌でもない品を掴《つか》まされた。」などの用例からも、もはや確かな形容詞です。そして、補助形容詞を用いることで成立した形容詞です。

アプローチ 44

動詞の未然形に打消「ない」が付いて成立した形容詞——

「詰まらない」「煮えきらない」「憎めない」「底知れない」「どうにもならない」など

問題にするだけの価値がない意を表現する「つまらない」は、動詞「詰まる」の未然形に打消の助動詞「ない」が付いて成立したものです。ただ、明治になっても、多くが「詰まらぬ」でした。福沢諭吉も『福翁自伝』に「其《その》勉強をしたものが今は何にもならない（略）誠に詰《つま》らぬ事をしたわい。」と書いています。苦労の報いがないという意で用いています。森鷗外は『青年』に「兵隊が沢山並んで歩くのを見たって詰まらないと思った。」と書いています。似たような意味の「くだらない」も動詞「下る」に打消の助動詞「ない」が付いたもので、「下らぬ」から「下らない」へと移ってきています。夏目漱石も『虞《ぐ》美人草《びじんそう》』に「折角見せてやろうと思ったのに、下らない茶碗《ちゃわん》なんかいじくっているもんだから。」と用いています。「冴《さ》えない」「好《す》かない」「優《すぐ》れない」も、そういう変化を見せたものですが、形容詞と認めるかどうか、取り扱いは一定していません。でも、「いけ好かない」は、完全に形容詞化しています。

「煮えきる」という複合動詞、といっても、「きる」という一種の補助動詞が付いた複合動詞ですが、「煮えきらない」という形容詞へと変身しています。漱石は、その新しい形を採用して、『吾輩は猫である』において「あの男は私が一緒に下宿をして居る時分から実に煮え切らない。」と言わせています。人によっては、「煮えきらぬ」「煮えきらん」とも言っていたでしょう。「測り知れない」も、複合動詞に「ぬ」が付き、やがて「ない」となったものです。

「憎めない」は、「憎む」というマ行五段活用動詞が下一段活用化して可能動詞となった「憎める」の未然形に打消の助動詞「ない」が付いて成立したものです。憎もうとしても憎むことができない心理はよくあることで、新語誕生の意味があったと思います。「憎めない性格」「憎めない犯行」といって許されることもあるでしょう。「食えない」や「やりきれない」も、その可能動詞に打消の助動詞「ない」が付いている点で共通します。「食えない作家」の「食えない」は生活ができない、ということです。単に食うことについてだけいっているのではありません。「やりきれない」は、本来の、仕事が消化できない意を経て、「暑くてやりきれない。」などと用いるようになってきています。

慣用句化してしまっている語句には、意外なほどに多く、動詞に付いた打消の助動詞「ない」が用いられています。「なんともいえない」は、「何」という代名詞に格助詞「と」と係助詞「も」が付き、可能動詞「言える」に打消の「ない」が付いたものです。「今の時点では何とも言えない。」は連語でしょうが、「なんともいえない清涼感だ。」といったら、もう形容詞でしょう。「どうにもならない」「似ても似つかない」「引きも切らない」「引っ込みがつかない」「間がもたない」「止《や》むを得《え》ない」など、その慣用句性の連語は、形容詞化していたり、形容詞化直前だったりする用例です。

・いま拾い上げてしまった「間がもたない」ですが、ちょっと躊躇してもいます。「暮らしがもたない。」などの「もたない」が浮かんできて、「もたない」で維持できない意となっているものと見えてきました。さらに「国家の経済がもたない。」ともいえていたからです。ここで、その「もつ」が、維持される意の自動詞だったと気づかされました。「体がもたない」「座がもたない」も浮かんできました。そして「間がもたない」には、「間がもてない」という可能動詞「もてる」を用いた表現もあって、むしろ、そちらが先行しているようです。とにかく、形容詞化の大きな流れを見ることができました。

アプローチ 45

甚だしい意の接尾語「ない」が付いて成立した形容詞——「切ない」などの「ない(甚い)」／長く疑問に思われていながら事情不明

アプローチ**41**において、「おぼつかない」「はしたない」については、ある程度、その成立の事情に触れてきました。ただ、どうしてそういうことになるのか、本当に甚だしい意の「ない」としてよいのかなど、この「ない」については、多くの疑問が残っています。そして、それは、ここでも解明できません。『日本国語大辞典第二版』の、この「ない」は、以下の解説から始まります。「『接尾』(形容詞型活用)〔文〕な・し(形容詞ク活用)性質・状態を表わす語(多く形容詞語幹・形容動詞語幹など)に付いてその意味を強調し、形容詞化する。「苛《いら》なし」「うしろめたなし」「切《せつ》ない」「はしたない」など。また、「大層もない」「滅相もない」など、「も」のはいった形でも用いられる。」とあって、以下に、『片言《かたこと》』という江戸前期の方言俚語辞典から「冥加《みょうが》な」というところを「冥加ない」という表現についての解説が引かれています。さらに、「ふてきない」や「太切ない」の用例も引いてくれてあります。

そこで、「苛《いら》なし」「うしろめたなし」「切ない」について、その「ない」が、形容詞「無い」でも、打消の助動詞「ない」でも、補助形容詞の「ない」でもないことを説明していきましょう。

「苛《いら》なし」は、奈良時代・平安時代から鎌倉時代まで用例を見る形容詞です。ちくちくと痛む感じから心の痛む様子やみすぼらしかったりみじめだったりする様子などを表現しました。「いら」は小草の棘《とげ》を意味します。それに非存在の「無し」が付いたら、ちくちくしなくなってしまいます。打消の「ない」は、まだ生まれていませんでした。この「なし」は、甚だしい意と見るよりほかないのです。『古事記』

に「苛なけく其処《そこ》に思ひ出愛《かな》しけく此処《ここ》に思ひ出（中・歌謡五一）とありました。応神天皇崩御後、皇位を継ぐことになっていた宇遅能和紀郎子《うじのわきいらつこ》に対して兄の大山守命《おおやまもりのみこと》が反逆し、敗れました。弟の宇遅能和紀郎子が兄の遺体を前に詠んだ歌謡です。心がちくちくするほど痛んで思い出している、と言っています。どう見ても、「苛なし」の「なし」が何のためにあるのか分かりません。甚だしい意とでも見るよりほかないでしょう。

「うしろめたなし」は、「うしろめたし」と同じ意味で用いられています。それなのに、語末が「なし」となっています。「うしろめたし」は「後ろべ（後方）痛し」が原形で、後方から見て気掛かりだ、という意味です。「うしろめたし」で十分なのに、「甚《な》し」を付けて「うしろめたなし」というのは、どうしてなのでしょうか。多くの用例は「うしろめたし」ですが、『蜻蛉日記《かげろうにっき》』や『狭衣物語《さごろもものがたり》』には「うしろめたなし」が見られるのです。「うしろめたし」に、さらに甚だしい意を付け加えようとして、「うしろめたなし」といったのでしょうか。

「切ない」には、親切だという意味があり、現代語に残る悲しくてやりきれない意味もありました。室町時代から用例を見せます。「切ない」に先立って、「切」を語幹とする形容動詞「切なり」が存在していました。現在、副詞として残る「切に」は、その連用形です。その形容動詞「切なり」を形容詞としたものが、「切ない」です。形容動詞の語幹「切」だけを書いて、「切し」「切い」では、音韻の面でも連続させにくいでしょう。そこに、何か分からない「なし」や「ない」が付くことになったわけです。

江戸時代の「冥加ない」や、「ふてきない」「太切ない」も、形容動詞から形容詞型活用へと移る際に、「ない」となったのでしょう。漢字表記としては、「甚《な》し」だけでなく、そのようだの気持ちもあってか、「如《な》し」とする説もあります。

アプローチ 46

温冷表現を人間の性情描写に活《い》かした形容詞――「あたたかい」と「つめたい」と

「あたたかい」と「つめたい」とについては、既に、アプローチ23において、触れてきています。「暖かい」の前身が形容動詞「暖かなり」であったとしても、その意味するところは温暖で快感を与えるものでしょう。その対極に位置するのは、気温でいうなら「涼しい」ということになるでしょう。「温かい」同様、快感を与えるものです。

ところが、その「暖かい」を人間の性情を描写する用語として転用するとなると、その対極にあるものは、不快感を与えるものでなければならないことになりましょう。「あたたかい人柄」の対極に据《す》えられた形容詞は、「つめたい眼差《まなざ》し」となるでしょう。

平安時代は、形容動詞「暖かなり」でした。それが、「暖かし」や「暖かい」となるのは、江戸時代になってからです。その「暖かい」が、思いやりや理解があって親切だを意味するようになるのは、明治になってからで、夏目漱石の『野分』の「暖かい家庭に育った。」が初出とされています。続いて、石川啄木の『葉書』も「落ち着いた温かい声である。」というように用いています。

このように、気温を捉えていう語彙を人間の性情をいう語彙として転用することは、形容動詞であっても、可能なはずです。ただ、その形容動詞という語形の用例のなかに、そのような転用の用例を見ることがないようです。偶然なのか品詞の別による何かがあるのか、どうも見えてきません。とにかく、その転用が形容詞になってからであり、しかも、明治になってからの用例に限られるということです。

「冷たい」という形容詞の語源が「爪痛《つめいた》し」であろうということについては、既に触れてきています。真冬《まふゆ》の寒い朝、氷にでも指先が触れたら、今にも千切《ちぎ》れるのではないかと思うような痛さを覚えるでしょう。その「冷たい」についても、人間の性情についていうようになった時期を確かめてみようと思います。人情味が薄いとか、温情がないとかいう転義の用例が、仮名草子の『仁勢物語《にせものがたり》』に「女限りなくつめたしと思へども、さる汚き踵《きびす》などを見せては、いかがはせんとて、」（上・一五）とありました。

現代人は、「冷たい」については、身体の接触的皮膚感覚に基づいて、対象としての事物の状態を表現するのに用います。「寒い」については、身体内部の生理感覚に基づいて、感覚主である本人の状態として表現します。そういう意味で、対象として評する人間の状態をいうのですから、「つめたい先生」とか「つめたい母親」といって捉えるのは、よく理解できます。「寒い」にも、それが及んでか、「さむい暮らし」や「おさむい財政」といってもいるようです。

「冷たい」は、「寒い」よりも遅れて登場してきました。「暖かい」は、形容動詞「暖かなり」から変身して形容詞「暖かい」となりました。そのように後出の「暖かい」と「冷たい」とですが、「つめたい」から始まった人間の性情をいう用法を「あたたかい」にも及ぼしました。

視覚を通して色彩を表現するほどではなくても、暖冷の差は肌という皮膚感覚を通して感じ取られます。さて、人間の性情は、何を通して、どう把握し、どう描写するか、そもそも、難しいものです。暖冷の差については、幸い、「暖かい」「冷たい」ができていました。そこで、その暖冷の違いをいう形容詞を借りて、人間の性情の差違を表現しえた、ということになりましょう。やがて、その行為をいうにも及んで、「あたたかい出迎えをいただいた。」とか、「つめたい仕打ちを受けた。」とかいう表現にまでなっていったのでしょう。

アプローチ **47**

舌の痺《しび》れをいう表現を生活の場に転用した形容詞――日々用いる「渋い」の転義用法

渋柿をかじった時に感じる舌を痺《しび》れさせるような味についていう形容詞は、「渋い」だけです。確かな初出用例として、西大寺本《さいだいじぼん》『金光明最勝王経《こんこうみょうさいしょうおうきょう》』平安初期点に「苦《にが》く渋《しぶ》くして滋《うま》き味無けむ。」（八）とあります。また、同時期の同じ訓点資料として、『東大寺諷誦文《とうだいじふじゅもん》』平安初期点にも、「渋《しぶ》き菓《くだもの》、苦《にが》き薬《くさひら》を採みて危命を係《つな》げ、」とあります。そのように確かな用例はありますが、それら以外は、室町時代まで、全く姿を見せません。奈良時代の『万葉集』にも、平安時代の『枕草子』や『源氏物語』にも用例を見ることがないのです。

渋い、その味そのものを「渋」という名詞で呼びます。その「渋」という名詞も、『万葉集』にも『枕草子』や『源氏物語』にも現れることがありません。もっとも、渋柿の渋が歌に詠まれたり、物語に描写されたりすることは、もともとありそうにも思えませんので、そういうものなのかなと思いながらも、やはり気になっています。

したがって、舌に渋いと感じる、その「渋し」については、『枕草子』にも『源氏物語』にも、『平家物語』にも『徒然草』にも、いわゆる文学作品にも見ることはできないのです。ただ、古辞書の『新撰字鏡《しんせんじきょう》』や『類聚名義抄《るいじゅみょうぎしょう》』には登載されているのです。『名語記《みょうごき》』にも載っていて、「しぶきものの葉にいでくる也。」（二）と、その渋さを感じる物を紹介しています。『日葡辞書《にっぽじしょ》』にも載っていました。単に渋いことをいう「渋い」が出て来るのは、虎明本《とらきらぼん》狂言の『合柿』のなかと、江戸時代の俳人の千代女の作品のなかぐらいでした。

ところが、転義した用例は、ある程度変化の過程が辿《たど》れました。まず、声が滑かでないことをいうのに用いられていました。『按納言集《あんなごんしゅう》』という歌集収録の、「鶯《うぐひす》の声またしぶく聞こゆなり巣立《すだ》ちの小野《をの》の春のあけぼの」です。ウグイスの鳴き声が淀《よど》んで聞こえるようだ、というのでしょう。

次は、吝嗇《りんしょく》だの意に転じた用例です。三宅嘯山《みやけしょうざん》の『律亭《りってい》句集』に載る「刺鯖《さしさば》や渋き舅《しうと》の酒きげん」(四)です。刺鯖は塩漬けした乾物で、美味とされていました。そこで、普段はけちな舅《しゅうと》もご機嫌《きげん》だというのでしょうか。明治になって、仮名垣魯文《かながきろぶん》『安愚楽鍋《あぐらなべ》』も「たまに渋い客の座敷へでもでて三絃《さみせん》なしにうき世ばなしにでもなると、」と書いていています。そのものズバリの「吝《しわ》い」よりふさわしい場面もあるようです。

その後、地味で落ち着いた雰囲気をいうようにもなります。雑俳『柳多留《やなぎだる》』に「人間も霜がかかると渋く成り」(一二五)とありました。「霜がかかる」は、白髪《しらが》のことでしょうか。明治に入って小栗風葉の『恋慕ながし』も「潮風に嗄《か》らした渋い声で追分《おいわけ》を唄いながら」(一五)と書いています。

一方では、不満げな態度をいうようにもなります。『新版一口ばなし』に「食へなんだ柿の銭《ぜに》払うた、しぶい顔して」という一口噺《ひとくちばなし》が載っていました。食えない柿に、不満げに代金を払わせられたようです。

さらに、物が滑らかに動かない場合にも用いていました。雨戸《あまど》が思うように閉まらない時などです。深田久弥が、『津軽の野づら』に「家に着いてしぶい表戸をあけた。」と書いていました。滑らかに戸が走らないことをいっています。

舌に刺激を受けた「渋い」を改めて書き記したものは多くありませんでしたが、滑らかでない声をいうのに始まり、吝嗇だの意、落ち着いた雰囲気、その一方で、不満げな時にも、さらには、戸走《とばし》りの悪い場合など、似通った場面には次々と用いていった「渋い」という形容詞でした。転義の用例のほうが圧倒的に多い「渋い」でした。

アプローチ 48

甘《あま》・辛《から》の味の表現を生活の場に転用した形容詞——「あまい」と「からい」と

アプローチ15において、既に、「甘い」「辛い」の、その本来の意味については触れてきています。さらに、その前に、アプローチ7において、その「甘い」「辛い」を対義語の関係で見てきています。ここでは、その後、どんな意味としても用いてきていたかを見ていくことにします。

「甘し」が味覚の表現から転用された最も古い用例は、平安時代の『将門記《しょうもんき》』に見る用例です。「貞《さだ》盛《もり》、人口の甘きに依《よ》り、本意に非《あら》ずと雖《いへど》も、暗《そら》に同類と為《な》って、」で、貞盛が上手に仕組まれた言葉に欺《だま》されて仲間になって、というようなことでしょうか。次に、快い意を表現するのに用いられた用例を見ることができました。『涅槃経集解《ねはんぎょうしっかい》巻第十一』平安初期点の「無我は苦《にが》き味なり。楽をば恬《あま》き味と為《な》す。」です。楽は音楽です。

江戸時代になってから大きな変化を見せます。浄瑠璃《じょうるり》の『平家女護島《へいけにょごがしま》』に「あまいやつ、じろりと見た目にほやりと笑ひ、」（三）とありました。厳格さがない意です。それが、人間から道具に移って、切れ味の悪い意となります。「あまい包丁《ほうちょう》」です。「切れ味があまい。」です。明治になって、学校という場ができると、また、人間についての表現ともなって、「あまい先生」といったりするようになります。経済界というか、株の取り引きをする世界では、物価・株価が低くなると、これについても、「あまい」といったようです。芝居や映画館でも、興行物の不入りを「あまい入り」といったそうです。

「あまい先生」とか「あまい母親」とかいわれても、砂糖や蜜でできているわけではありません。吾人の日々の言語生活を振り返ってみると、食品について、わざわざ「甘い」というよりも、身辺の諸事について「あまい」というほうが多いようにも思えてきます。

「辛し」についても、似通った歴史が見えてきます。「辛し」は、味についていう当初から、早くも三種の別がありました。生薑《しょうが》や山葵《わさび》などを舐《な》めた時のぴりぴり感をいう「辛し」、そして、塩味《しおあじ》をいう「鹹《から》し」、さらに、現代語としては「酸《す》っぱい」となってしまった「酸し」に相当する「酢《から》し」がありました。奈良時代は、アルコール度の高いほうがよい酒だったようで、甘味の少ない濃厚な酒ということで、酒気が強いことも、「醇《から》し」といいました。「からし」転義の第一号です。

心理的な方面に向けての転用は、残酷だの意で用いられました。『古今六帖』に「入れ紐《ひも》のさしてきつれど唐衣《からごろも》からく言ひても帰しつる哉《かな》」（五・雑思）とあって、無慈悲な言い方をしたことをいっています。そこから、容赦ない意へと展開していって、江戸時代、『椿説弓張月《ちんせつゆみはりづき》』で曲亭馬琴《きょくていばきん》は、「苛《から》き政《まつりごと》を省《はぶ》き、税斂《としのみつぎ》を薄くし」（続三七回）というように、「苛」字をそう読ませています。この流れの現代語が、「からい点数をつける先生」ということになるでしょう。人情味のない意となってきています。

その一方で、つらい、切ない、悲痛だの方向にも転用されました。『万葉集』の「昔より言ひける言《こと》の韓国《からくに》にからくも此処《ここ》に別れするかも」（15三六九五）は、その別れの辛《つら》さを詠んだものです。こちらの流れは、その後、気にくわない意や堪えがたい意を経て、危《あぶ》ない意にまで及びます。『徒然草』の「これも仁和寺《にんなじ》の法師」の「からき命をまうけて、久しく病《や》みゐたりけり。」（五三）が、それです。こちらは、現代語には、「からくも」という副詞に残るだけとなりました。

言葉は、殊に形容詞は、違う場面での似通いが契機となって転用されます。転用が重ねられて、転義することになります。

アプローチ 49 味の表現で手際の良し悪しをいった形容詞――「うまい」と「まずい」と

アプローチ7において、対義語としての「うまい」と「まずい」とを確認してきています。また、「うまい」には、同義の「おいしい」の存在にも触れたかと思います。女性は、そちらを好んで用います。「旨《うま》い」の古典語「旨し」の基本的な意味は、美味をいうものでした。『万葉集』の「飯《いひ》喫《は》めど味《うま》くもあらず行き行けど安くもあらず」（16三八五七）が、その該当用例です。各時代とも、その用例が存在していて、美味であるかどうかの関心は高く、好んで表現化されるものだと改めて感じます。小杉天外が『はやり唄《うた》』にいう「豚の胃は人間の棄てた物を消化して、人間の食える美味《うま》い肉に化す。」のとおりです。

その「うまし」を満足だの意に採用したのは、平安時代初めの『大智度論《だいちどろん》』平安二年点の「熟《うま》く諸の苦悩を受けず。」（八七）です。これが、現在まで続く上手《じょうず》だの意になり、巧妙だの意にまでなっていくのでしょう。巧妙だの意を、坪内逍遥《しょうよう》の『当世書生気質《とうせいしょせいかたぎ》』は、「世間の交際は極めて精妙《うま》いヨ。」に見せるように、精妙だの意にしています。さらに、そこから好都合だの意にまでなっていって、浄瑠璃の『神霊矢口渡《しんれいやぐちのわたし》』の「女を欺《だま》し爰《ここ》に留めたは、何ぞうまい仕事が有るか。」（三）のようにもなっていきます。江戸時代は、そういう知恵が働く時代だったのでしょうか。

食べ物の美味は個人の好みで多様ですから、「旨い」は相応に使用されるのであろうと思っていましたが、転義の「うまい」も、どんな生活かによって大きく違いを見せることになるようです。小学生くらいの子どもがいたりしますと、「絵がうまい。」「ピアノがうまい。」というように、そういう「うまい」

が多くなるでしょう。自然を求めて移住した人は、「空気がうまい。」と言うでしょう。その「うまい」は、舌で感じるわけではないので、「旨い」でないことは確かです。

　さて、「まずい」の古典語は、「ず」の仮名遣いがダ行となる「まづし」です。漢字一字だけの漢字表記は存在しません。あえて漢字表記すると、「不味い」となります。「旨い」の対義語としての、この「まずい」は、古典語「まづし」とはいっても、江戸時代以降の用例しかありません。その江戸時代の方言辞書の『物類称呼《ぶつるいしょうこ》』に、「あぢなし（食物に味《あぢ》はひ薄きや）（略）東国にてまづいと云ふ。」（五）とあります。「まづい」は、東国方言だったのです。その時代の東国方言が、明治になってから東京の共通語に取り入れられたのでしょうか。

　ただ、江戸時代のうちに、早くも、不都合だの意にも用いています。やがて、人間関係が順調でない意となり、堀田善衛《よしえ》の『記念碑』の「とにかく弟と義妹とのあいだが、何となく冷たくてまずいのよ。」となります。また、醜い意をもいうようになり、夏目漱石の『吾輩は猫である』も、「衣裳は美しいが、顔は頗《すこぶ》るまずい。」（二）と書いています。次が、下手《へた》だの意です。いま、一番多いのが、この用例で、「まずい絵」「まずいピアノ」と連発されています。「まずい字」「まずい作文」で、食べ物についてそういう場合よりも圧倒的に多くなっています。「拙《まず》い」と表記される「まずい」です。

　転義には、寿命短く消えていくものもあるようです。尾崎紅葉の『多情多恨』の「乱れた襟《えり》を掻合《かきあわ》せながら「どうも這麼奇《こんなまず》い恰好をして…。」…。」（後8二）は、みっともない意ですが、どうしてそういう意味になっていくのでしょうか。その場面にふさわしくないからでしょうか。また、洒落本の『道中粋語録』の「男といふ者ア、まづいもんだアよ。」は、狡猾《こうかつ》だの意とされていますが、どういう経路を辿《たど》ってそういう意味になるのでしょうか。もちろん、現代語には残っていない意味です。

アプローチ

50 舌の不快感の表現で心理を述べる形容詞――日々用いる「苦《にが》い」の転義用例

「苦《にが》い」の古典語「苦し」の初出は、「醎《から》し」や「渋《しぶ》し」と同じく、経典の訓点資料です。殊に「醎し」とは、同じ経典の『涅槃経集解《ねはんぎょうしっかい》巻十一』平安初期点に「無常は醎き味なり。無我は苦き味なり。」というように一緒に登場します。また、「渋し」とも、同じ経典の西大寺本《さいだいじぼん》『金光明最勝王経《こんこうみょうさいしょうおうきょう》』平安初期点に「苦《にが》く渋くて滋き味無けむ。」（八）というように、一緒に現れます。そして、その「渋い」とは、その舌に感じる不快感が、似ていて微妙に異なります。

『孔子家語《こうしけご》』がいうように、「良薬、口に苦し。」です。薬は昔から苦く、今でもそうです。これも、訓点資料にありました。『大智度論《だいちどろん》』天安二年点の「薬苦を服して当時に苦しと雖《いへど》も、後に患を除することを得るがごとし。」（六七）です。「苦い」は、お茶でもコーヒーでも感じますが、やはり薬で感じさせられます。

『宇治拾遺物語』に「「近き隣の人にも食はせ、我も子どもにももろともに食はせん。」とて、おほらかにて食ふに、にがき事物にも似ず。黄蘗《きはだ》などのやうにて心地惑ふ。」（三16）というところがあります。「雀《すずめ》報恩の事」のなかに見るもので、子どもが隣の婆さんは隣近所にご馳走していたのでわが家もそうしてくれと言ったので、こちらの婆さんもみんなにご馳走することになったところ、その苦いことといったらない、というところです。黄蘗なんかのように気持ちが悪くなった、というのです。黄蘗はミカン科の落葉高木で、苦いことで知られています。

転用への一つは、不機嫌だという姿勢や態度をいうものでした。浮世草子の『好色一代女』の「おまへさまの傾城狂《けいせいぐる》ひなされますかといへば、田舎大尽《ゐなかだいじん》にがい皃《かほ》をして、」（２一）です。下って明治の、夏目漱石の『行人』の「三沢も自分も其処《そこ》に変な苦い意味を味わった。」（友達二七）も、そうです。続いて、痛みや悔いなどを伴った気持ちをいうようになります。永井荷風の『冷笑』の「よし幾多の苦《にが》味い経験と悲哀と悔悟とに出会っても、それ等は一度味わった過去の夢を一層甘くさせる刺戟に過ぎない。」が、それです。河野多恵子の『不意の声』の「父に済まないことをしたという苦い思いが残るのであった。」も、そうです。

　さて、その転義の「苦い」は慣用句にも採用されて「苦い水を飲まされる」となっています。舌が刺激されての不快感ではありません。職場などで不快な経験をさせられることです。苦い青汁を飲まされたのではありません。気まずい思いをさせられているところです。

「苦い」は転義となっても、よくないことばかりをいうことになるのですが、複合動詞「苦み走る」は、男性の顔つきの魅力をいう表現となっています。厳しく引き締まっている、その顔は、苦い食べ物、例えばゴーヤか秋刀魚《さんま》の腸《わた》でも食べた時の顔と関係あるのでしょうか。「渋い」が「渋い柄の着物」などというと、地味で落ち着いた趣をいうことになりますが、これも、多くがマイナス方向を意味するなかのプラス方向の表現ということで共通性を感じます。

「苦」字の、小学校での学習の配当学年は、何年生でしょうか。とにかく、誰でも知っている易《やさ》しい漢字です。でも「くるしい」とも「にがい」とも読むのは、どうしてなのでしょうか。「苦」は、草《くさ》冠《かんむり》の字ですから、草の名です。この草は食用となりましたが、苦かったのです。苦いことは不快であり、苦しい意にもなったのです。

アプローチ

51 食品のあくで咽喉《のど》が受ける刺激をいう形容詞——「えぐい」「えがらっぽい」など

牛蒡《ごぼう》や筍《たけのこ》には、あくがあります。あく抜きをしてから煮ます。薇《ぜんまい》や蕨《わらび》のような山菜も、そのあく抜きが必要です。灰を浸《ひた》した水のうわ澄み液を灰汁《あく》と呼んだ、そのアクを借りて呼んだので、漢字表記しにくいのでしょう。植物に含まれる渋みです。その、あくと呼ばれる渋みのあるまま食べようとしますと、そのあくが咽喉にいらいらと刺激して不快感を覚えることになります。そのような状態をいう形容詞が「えぐい」です。既に、その一部について、アプローチ**19**で触れてきてしまっていたようです。

「えぐい」の古典語は「ゑぐし」で、そのエはワ行の「ゑ」です。その「ゑぐし」は平安時代の二十巻本和名抄《わみょうしょう》に「醶（略）酢味也。俗語云恵久之。」（一七）とあります。「恵久之」は万葉仮名で「恵」はワ行の「ゑ」です。これほど存在が明白な「ゑぐし」ですが、有名古典文学作品には全く用いられることはありません。近代に入って、中勘助が『銀《ぎん》の匙《さじ》』で「気管のへんが蘞《えぐ》くなって、」と書いていました。漢字は、「蘞」のほか、「刳」「醶」が当てられます。

その「蘞《えぐ》い」は、「蘞辛《えがら》っぽい」に言い換えられます。その「蘞辛っぽい」は「蘞辛《えがら》い」に接尾語「ぽい」が付いて成立したものですが、「蘞辛っぽい」しか知らない人のほうが多いでしょう。夏目漱石が『虞《ぐ》美人草《びじんそう》』で「えがらっぽい咳《せき》が二つ三つ出る。」（一四）と用いていました。当時は、歴史的仮名遣いで書く時代でしたが、上記のとおりでしたので、ワ行の「ゑ」には気づいていなかったのでしょうか。有島武郎の『小さき者へ』は、「小さなランプのえがらっぽい匂いと」を、原文では、「小さなランプのゑがらっぽい匂ひと」と書いていて、当時として適切な仮名遣いでした。

使用頻度の低い単語は、概して発音にずれが生じるものです。「えぐい」には、「えごい」形が存在しました。坪内逍遥《しょうよう》が『春廼屋慢筆《はるのやまんぴつ》』で「エゴイ手で余計の周旋《おせっかい》、置いて貰《もら》いましょ。」というように使っていました。カタカナ書きは、俗語的なものとでも思ったからなのでしょうか。

「え」と「い」とは交替しやすく、「えがらっぽい」も「いがらっぽい」と発音されるようにもなっていました。上司小剣《かみつかさしょうけん》の『石川五右衛門の生立《おいたち》』に「一口吸い込んだが、厭《いや》にいがらっぽくて、眼を白黒にして咽《む》せ返った。」とありました。細田民樹の『初年兵江木の死』も、「苦しい呼吸は枯葉でも頬張《ほおば》るようにいがらっぽく咽喉《のど》を擦《かす》って非常に切ない速度で出入りしていると、」と書いていました。そして、「いがらい」とする作家もいました。秦恒平の『閨秀《けいしゅう》』は、「湿《し》っけたいがらい匂いが老人のひしゃげた青黝《あおぐろ》い頭布に浸みていた。」としていました。

「えごい」「えがらい」「えがらっぽい」も、そのエは、歴史的仮名遣いで表記すると、「ゑごい」「ゑがらい」「ゑがらっぽい」となります。すべて『和名抄』に載る「恵久之」の「恵」からそう考えることになります。

さて、使用頻度低い「えぐい」に、転用例や転義化は見られたのでしょうか。「ゑぐい」といってよい時代の近世の用例ですが、洒落本の『列仙伝』に「女子《をなご》だてらこの仲間へ入り、根っから嫁《よめ》入りせずに立ち歩くゑぐい代物《しろもの》。」とあって、咽喉を刺激されている場面とは思えません。気が強いというような意味になっています。その江戸時代、『新撰大阪詞大全』が「ゑぐいとは、気づよいといふこと。」と解説しています。「えがらい」「えがらっぽい」「いがらい」「いがらっぽい」には、そのような、気が強いという意味の用例を見ることはできません。

アプローチ

52 強い光でまともに見られない状態をいう形容詞――「まばゆい」「まぶしい」など

エ段音が複合語化するとき、ア段音に転じるものがあります。「金《かね》」や「船《ふね》」が、「金槌《かなづち》」「金物《かなもの》」となったり、「船板《ふないた》」「船宿《ふなやど》」となったりする類《たぐい》です。「目《め》」も、複合化すると、「目蓋《まぶた》（＝瞼《まぶた》）」となって、エ段音がア段音化します。複合名詞の場合だけでなく、「目深《まぶか》だ」のように形容動詞化した場合にも現れます。

「まばゆい」も、「目映《まばゆ》い＝眩《まばゆ》い」で、「目《め》」が「目《ま》」に転じたもので、古典語時代に、その「目《め》」に「映《は》ゆし」という形容詞が付いて、形容詞「目映《まば》ゆし」として成立しました。「映ゆし」は「栄《は》ゆ」とも漢字表記される動詞「映《は》ゆ」が形容詞化したもので、それだけで、まばゆくて顔が向けられない意でした。その「映ゆし」が、きまり悪い、恥ずかしい意になってしまったので、「目映ゆし」というように「目」を冠して、光が強くてまぶしい意を鮮明にさせたように思います。「まばゆい」の「はゆい」がどういうことか分からないのは、古典語「映ゆし」が古典語としてだけで終わってしまい、現代語に残らなかったからです。

「映ゆし」も「目映ゆし」も、平安時代に登場し、「目映ゆし」は、まぶしい意だけでなく、華やかだとか、恥ずかしいとかいう意味でも用いられました。『源氏物語』に見る「さらぬ御随身《みずいじん》どもも、かたち姿まばゆく整えて、」（葵）とか、『枕草子』に見る「髪の筋なども、なかなか昼よりも顕証《けそう》に見えてまばゆけれど、」（一七七）のほうが、印象深く記憶されています。平安時代の女流の文筆家たちには、その転義のほうが活用されていたようです。さらに転じて、目を逸《そ》らしたくなる気持ちをいうのにも用いるようになっていきます。これも、『源氏物語』に「少しまばゆく艶《えん》に好ましきことは目につかぬ所にあるに、」（帚木《ははきぎ》）とあって、左馬頭《さまのかみ》が体験談として語っているところです。現代語にどれほど残っているでしょうか。現代語「まばゆい」は、ほぼ基本語義に限られるといっていいでしょう。

「まぶしい」の古典語といっても、その用例が確認できるのは江戸時代末からですので、「まぶしい」しかない、といっていいでしょう。漢字表記は「眩《まぶ》しい」だけです。もう明治といってよい慶応のころに刊行された『和英語林集成』〈初版〉に「Mabushikute（マブシクテ）メガアケラレナイ」とありました。小杉天外の『はやり唄《うた》』は「羞明《まぶし》い許《ばか》りにぎらぎらする硝子《がらす》と、」（一三）と書いていて、羞《はず》かしいほどに明るい意と思っていたのでしょうか。比喩《ひゆ》的に、目がくらむほどにすばらしい意などにも転用されていますが、特定の意として読み取れないものもあります。里見《さとみ》弴《とん》の『多情仏心』の「なにがなしまぶしい気持ちで、舞台を見るためにかけていた十二度の眼鏡をはずし、」は、どう解したらよいのでしょうか。

この「まぶしい」の語源について、『大言海』は「まぼし」だといっています。ただ、その「まぼし」に、その具体的な用例は載っていません。江戸時代の「まぼしい」だけです。漢字表記は「まぶしい」と同じ「眩《まぼ》しい」です。夏目漱石の『坊っちゃん』も「町へ出ると日の丸だらけで、まぼしい位である。」（一〇）というように用いています。どこから来た言葉かについては、越谷《こしがや》吾山《ござん》の『物類称呼《ぶつるいしょうこ》』がいう「羞明《まばゆし》といふ事を（略）江戸にてまぼしいと云。」（五）に従って、「まぼしい」も「まぶしい」も、その原形は、「まばゆい」の古典語「目映ゆし」と見るのが穏やかでしょう。「羞明」という漢字表記も、江戸時代以来のものでした。羞《は》ずかしいくらい明るい、というのでしょうか。

アプローチ 53

五色めの形容詞と「丸い」に対応する形容詞と――「黄色い」と「四角い」と

アプローチ13において、「黄色い」成立の事情までは述べきれないまま、課題として残してありました。五行説の色名は青・赤・黄・白・黒ですが、日本語形容詞には「黄」だけがありません。その欠けている「黄」をどうしたら補うことができるか、誰《だれ》しもが考えたことでしょう。キという一音節ということも、形容詞化を阻《はば》んでいました。一音節語幹の形容詞は、いずれも特別なものばかりだからです。

「黄」は、「黄なり」という形容動詞として平安時代に用いられていました。『枕草子』に「黄なる葉どもの、ほろほろとこぼれ落つる、いとあはれなり。」（一八八）とあります。木の葉の色としての黄色いです。『更級日記《さらしなにっき》』には、「夢にいと清げなる僧の、黄なる地の袈裟《けさ》着たるが来て、」（家居の記）とあって、袈裟の地の色をいっています。この「黄なり」は、現在も方言に「黄な」という語形の連体詞として残っています。

色名だけをいう「黄色」は、平安時代から存在します。ただ、その名詞も、体言に連なっていくことを示す連体格の格助詞「の」を伴わせて用いられていました。『宇津保物語』の「今日《けふ》の被《かづ》け物は、黄色の小袿《こうちき》重ねたる女の装ひとて、」（吹上上）がそれで、「黄色なる」と同じことです。そうなっていれば、形容動詞化していることになるのですが、まだ、そこにまでは至っていないわけです。未発達形容動詞とか不完全形容動詞とかいうことになります。その段階を経て、現在は、とっくに、「黄色だ」という形容動詞になっています。

「黄色」が、そのように形容動詞化していく一方で、形容詞化も期待されていました。「青い」「赤い」「白い」「黒い」があるのですから、当然、語尾の「い」や「く」を添えたくもなったでしょう。幕末から明治にかけての三遊亭円朝という怪談噺家《かいだんばなしか》が『真景累ヶ淵《しんけいかさねがぶち》』で「煎豆腐《いりどうふ》の中へ鶏卵《たまご》が入って黄色くなったの、誠に有難う、師匠が大好《だいすき》。」と語っています。夏目漱石の『倫敦《ろんどん》消息』も、「黄色人とは、甘《うま》くつけたものだ。全く黄色い。」（二）と書いています。

物理的に認識できるものは、早くにク活用形容詞として成立していたと本書で述べてきています。ただ、幾何学的な図形認識はちょっと遅れていたようで、「丸い」も、早く見ても室町時代からです。それに対して、「四角い」は、明治の末期から、いや大正期になってからでしょう。「丸い」が「四角い」を期待し、当代の人々が「四角い」を誕生させたのです。

「四角」は、ナリ活用形容動詞の連体形活用語尾が「なる」から「な」になろうとしている時代に、形容動詞化しはじめます。そして、驚いたことに、限られた一部の人は、形容詞化もさせていたのです。『日葡辞書』には、「Xicacuna（シカクナ）物（訳）シカクイモノ」とあったからです。ただ、そのXicacuiも、日本の当代の文字で書かれた文献には、大正期の小説まで現れることはないのです。

そこで、「黄色い」「四角い」よりも「黄色だ」「四角だ」のほうが早くに単語としての定着を見せたと見てよいでしょう。殊に連体形「四角な」については、面白みがない意を表現する用例がしばしば見られます。雑俳の『柳多留《やなぎだる》』に「四角なる奴《やつ》も女に丸められ」（六八）などがあるからです。この用例は、謹厳実直なぐらいに読んでもよいでしょう。転義用例を見せるほどに、形容動詞形が先に広まっていた、といっていいでしょう。

アプローチ

54

接尾語「くさい」を付けることで成立した形容詞——

「磯臭《いそ》い」「黴臭《かび》い」／「吝嗇《けち》くさい」
「焦《こ》げ臭い」「胡散《うさん》くさい」
「水くさい」など

アプローチ17・18で、「臭《くさ》い」が付いた複合形容詞について観察してきました。ところが、そのクサイには、「臭《くさ》い」ではないものもあったのです。そこで、そのクサイの整理をしたいと思います。

下接するクサイのうち、「臭い」と漢字表記できるものは、複合形容詞後項として、切り離したいと思います。直ちにそれと分かる臭《にお》いがしてくる「臭《くさ》い」が付いているものです。「磯《いそ》臭い」「黴《かび》臭い」「酒臭い」「熟柿《じゅくし》臭い」「小便臭い」「泥《どろ》臭い」などです。その臭《にお》いを発する物質名に「臭い」を付けたものです。動詞連用形に付けた「焦《こ》げ臭い」もそうです。それらと「くさい」というように仮名書きするものとは、区別したいと思います。後者だけを接尾語「くさい」としていきます。接尾語「くさい」の一群として、そう感じている対象を「くさい」の上に掲げていうものがあります。いま一群として、形容動詞の語幹に付いて、その語義を強めようとするものがあります。

そう感じている対象として掲げられるのは、人間の仕草《しぐさ》などでしょう。その仕草を貶《けな》していおうとして、「臭《くさ》い」から接尾語「くさい」を生み出すことになったのでしょう。「らしい」と言い換える辞典が多いようですが、いかにもそんな感じがして評価できないという気持ちで用いることになったのでしょう。「素人《しろうと》くさい」「老人くさい」などです。「田舎くさい」もそうでしょう。

それに対して、形容動詞語幹に付く「くさい」についても、その形容動詞そのものがどのような性質・状態をいう形容動詞かが認識できていなければならないでしょう。それらは、はっきりいって、罵詈《ばり》といっていいものです。「阿呆《あほ》くさい」「吝嗇《けち》くさい」「馬鹿くさい」「面倒くさい」がそのようにして成立したものです。「鈍《どん》くさい」もそうでした。形容詞語幹からも、「古くさい」が加わりました。

右の二群以外にも、実に多様な接尾語「くさい」から成る形容詞が存在します。もともとは、「臭《くさ》い」であったものが、ある段階で接尾語「くさい」に転じたものもありました。「抹香《まっこう》くさい」です。当初は、仏前での焼香を嫌っていったのかもしれません。しかし、いま、その意は、言動などが仏教的な感じがするということでしょう。「生臭《なまぐさ》い」の「生」は何なのでしょうか。語素でも接頭語でもある「生」ですが、「生を食べる。」などの名詞「生」のようにも感じます。いまでも「生臭い」でしょう。でも、戒律を守らない僧をいったそれは、「生ぐさい」ではないでしょうか。

ミズクサイは、本来は間違いなく「水臭し」でした。米沢本『沙石集《しゃせきしゅう》』に「日来《ひごろ》はちと水くさき酒にてこそ候しに、」（6二）とありました。いま、原点の表記どおり引いたので「水くさし」でしたが、本書の表記としては、「水臭《みづくさ》し」でなければならない用例です。水分が多くて味が薄いことをいうのが、その「水臭し」だったのです。その用例に即していうと、水っぽい酒をいっていることになります。しかし、現代語のミズクサイは、「水くさい」しか存在しません。他人行儀である意となっています。

ウサンクサイという、なんとなく疑わしいことをいう形容詞があります。「胡散くさい」とも「烏散くさい」とも表記しますが、ウサンの原義もよく分からないのですから、現代語の表記としては「うさんくさい」が穏やかです。島崎藤村の『家』の「烏散臭い男が門から入って来た。」は、自分が他者を疑わしく思う意の用例です。谷崎潤一郎の『少年』の「仙吉は始終の様子を胡散臭い顔をして見て居たが、」は、他の人が何かを疑わしく思っている意の用例です。この二用法の別、うさんくさく思わないでください。

アプローチ 55　接尾語「がたい」が付いて定着して成立した形容詞——「得がたい」「耐えがたい」「度しがたい」「ありがたい」／補助形容詞という扱い方も

漢文には、「難《かたシ》レ□《スルコト》」「易《やすシ》レ□《スルコト》」という返読文字があります。その「難し」が「□《スルコト》」を連用形にして、一単語ふうにして訓読したものと思っていいのが、これから述べる形容詞です。時に、「曰《いわ》く、言い難い。」ということがあります。漢文調の表現にして、事情がこみ入っていて、簡単には説明できない意を表すことがあります。その「言い難い」は、いま、一般には、「言う」という動詞の連用形に接尾語「がたい」が付いて一単語の形容詞と成ったものというように見ていいでしょう。動詞の連用形に接続する際に、濁音化して「かたい」が「がたい」となったようです。「得がたい友人と出会った。」の「得がたい」や「耐えがたい苦しみに耐えた。」の「耐えがたい」なども、そのようにして成立した形容詞です。その接尾語「がたい」は、補助形容詞というように見る見方もあります。

接尾語化する前の古典語は「難《かた》し」という清音の形容詞で、『万葉集』にも「漕ぎて去《い》なば逢ふこと難し」（14三四〇一）というように用いられていました。難しいとか容易でない、という意味です。それが、動詞の連用形に付くと、できない意を表すようになります。「言いがたい」は、言うことができないであり、「得がたい」「耐えがたい」も、手に入れることができない、我慢することができないなどの意といえましょう。そこで、一単語とは感じられないものにも出会います。大仏《おさらぎ》次郎の『地霊』の「革命党内におけるアゼフの位置は最も動かしがたい決定的なものに成る。」の「動かしがたい」の「がたい」などは、どう扱ったらよいでしょうか。漢文では、「難」の対義語は「易」でした。そこで、接尾語化もしました。いや、補助形容詞化といったほうがよいでしょう。久保田万太郎の『枯木』の「暮れやすい日は、もう壁や障子の隅々に、深い暗い影を畳みかけた。」の「暮れやすい」の「やすい」は、どう呼んで取り扱ったらよいでしょうか。

さて、「得がたい」「耐えがたい」に加えて、「度しがたい」も、形容詞化しているものと見たいと思います。「度し」がどんな意味か分からないのに、「度しがたい」は、道理を言い聞かせても無理である、救いようがないという意味に読み取ったり、表現までしたりしている人がいるからです。「度しがたい」は「済度しがたい」だったのです。「済度」は仏教語で、迷い苦しんでいる人々を仏が救済することです。

接尾語「かたい」が付いて成立した形容詞として、最も大きな存在は「ありがたい」です。古典語の「ありがたし」は『万葉集』にも存在するのです。「夕狩《ゆふがり》に千鳥踏み立て追ふごとに許すことなく手放《たばな》ちも遠来《をち》もか易きこれを除《お》きてまたはありがたし」（17四〇一一）です。大伴家持《おおとものやかもち》が池主《いけぬし》と唱和した長歌のなかに見る用例で、放逐した鷹が追わせることも戻ってくることも自在で、めったにない、といっているところです。「あり」が難しい、存在することが難しい、つまり、めったにない、ということです。

動詞「あり」には、生きているという意味があります。そこで、生活しにくい意を表しもします。『源氏物語』の「世の中はありがたくむつかしげなるものかな。」（東屋）は、中君《なかのきみ》が浮舟のことを聞いて、あれほど可憐な人なのに、と言って生きる難しさを呟《つぶや》いているところです。また、その一言で、めったにないほど優れている意も表しえたのです。『宇津保物語』の「子はた更にもいはず、この世の人にも似ず、いとありがたくたぐひなし。」（俊蔭）は、兼雅が俊蔭の娘を愛し、子にその芸を習わせているところで、その子がたいへん優れていることをいっています。そのような「ありがたし」が、現代語としては、その行為がめったにないほど尊い意から感謝を表明する表現になってきているのです。

アプローチ 56

接尾語「っぽい」を付けることによって成立した形容詞——「水っぽい」「子どもっぽい」「理屈っぽい」「飽きっぽい」など

形容詞の活用形式を借りて、新しい述語や連体修飾語を生み出そうとする動きは、日本語史のうえでの大きなうねりとなっていたように感じられます。既存の形容詞のなかから、概念の抽象化の可能性あるものがその候補として徐々に接尾語化されていきました。「くさい」は、形態的にも多様な接続を受け入れて、現在、最も多くの形容詞を生産しています。「がたい」「にくい」「づらい」は、動詞連用形に付いて、補助形容詞としても認識される手順を踏んで、相応に新形容詞を生産しつづけています。それらとは別に、新形容詞生産のために、当初から接尾語として誕生した形容詞型活用接尾語が「っぽい」でした。

まず、名詞に付けて用いて定着し、形容詞として認定してよい用語例を挙げてみます。「水っぽい」「ほこりっぽい」などは、その存在の度合いの高さをいっています。「子どもっぽい」「大人っぽい」「色っぽい」などは、そういう印象の強さをいっています。「熱っぽい」も、それらに類するものでしょうか。「理屈っぽい」「愚痴《ぐち》っぽい」は、性情の傾向をいっていることになりましょうか。色名をいう「黒っぽい」「白っぽい」は、その系統の色ということでしょう。

これら各用語例は、被修飾語との結びつきが強く、「水っぽい酒」「ほこりっぽい道路」「子どもっぽい悪戯《いたずら》」「大人っぽい発言」「色っぽい仕草《しぐさ》」など、被修飾語まで含めての語句となっているように思えてきます。「理屈っぽい」「愚痴っぽい」は、「理屈っぽい人」「愚痴っぽい人」のように、「人」に付く以外の表現はないといってもいいでしょう。「黒っぽい」「白っぽい」も、服装以外、まずないでしょう。

いま一群は、形容詞・形容動詞の語幹に付けて、いかにもそういう感じがする意を表します。「荒っぽい」「きざっぽい」「俗っぽい」「安っぽい」などです。こちらも、その被修飾語はほぼ限られます。「荒っぽい言葉遣い」「きざっぽい振る舞い」「俗っぽい趣味」「安っぽい商品」などで、いかがでしょう。

さらに、いま一群、動詞の連用形に付けていう「飽きっぽい」「怒りっぽい」「惚れっぽい」「忘れっぽい」などがあります。どうも、いずれも自動詞です。被修飾語は、どれについても、「人」であることは確かです。「性格」であろうと「タイプ」であろうと、究極的には「人」ということになります。

名詞に付けて一般よりもその度合いが高いことをいうものとして「熱っぽい」を挙げることができますが、その「熱っぽい」は、病気などのために体温が普通より高い感じがすることをいうだけではありません。情熱的な感じがする意として、水上勉《みずかみつとむ》の『越前竹人形』の「嫁に来てくれとあれだけ熱っぽい口調で頼んだのに、いざ来てみると、夜は見向きもしないのだった。」がありました。

ちょっと以前の段階では、「脂ぽい」など、上接する単語によっては、促音の入らない言い方もありましたが、現在では、もはや、「ぽい」というように促音を入れない語形のものを聞くことはなくなりました。そして、さらに近年は、上接する単語が、文となっているような物言いにも出会うようになってきています。「この提案は控えたほうがいいよっぽい声も聞こえてきた。」などです。「っぽい」の研究は、まだ不十分です。松井栄一「国語辞典にない言葉」（昭和五十八年）「続・国語辞典にない言葉」（昭和六十年）が参考になるでしょう。

アプローチ 57

接尾語「たい」が付いて成立している形容詞――「うしろめたい」「煙《けむ》たい」「眠たい」、「平べったい」「野暮《やぼ》ったい」も

接尾語「たい」といわれているものが何であるかについては、ある程度、その「たい」を伴う形容詞に接触を重ねていたら、おのずから見えてくるのではないかと思います。もちろん、その「たい」は、希望の助動詞「たい」であり、さらに遡《さかのぼ》ると、古典語形容詞「いたし」でした。そこで、まず、語末が「たい」となるものを挙げてみることにしましょう。「うしろめたい」「煙《けむ》たい」「冷《つめ》たい」「眠《ねむ》たい」に、「平《ひら》たい」「平《ひら》べったい」「野暮《やぼ》ったい」です。果たして、ここに挙げたすべての「たい」が同じ接尾語であるかどうか疑わしくなってもきます。「平べったい」「野暮ったい」は、その「たい」の上に促音が入ったりしています。

「うしろめたい」の古典語は「うしろめたし」で、平安時代には、その対義語「うしろやすし」の存在から、その本来の語形も語義も容易に理解できたと思います。原形は「後ろ目いたし」で、自身の目の届かない後方から見ての気がかりな気持ちをいう形容詞でした。古典文としての重要単語で、『枕草子』や『源氏物語』にはもちろん、それより古く、『宇津保物語』にも、「見捨てて行かむもあはれにうしろめたく覚ゆることの二つなければ、」（俊蔭）とありました。若小君が俊蔭の娘を見捨てて帰ってしまうことを気がかりに思っているところです。

「煙たい」「眠たい」が、「煙い」「眠い」の一方に、いっそう煙い情況やもっと眠い気持ちを表現するために生み出された形容詞であろうという推測は、容易に感じ取れましょう。「煙い＋たい」「眠い＋た

い」と意識していたか、単に「煙《けむ》」や「眠《ねむ》」に「たい」を付けることで、その強調表現化しえたと見ていたかどうかは分かりません。「煙い」「眠い」も、「煙たい」「眠たい」と、その成立時期に違いがありません。鎌倉時代から室町時代にかけてです。転義を見せるのは「煙たい」だけで、気づまりだの意にも用いられます。「眠たい」は、当代に成立した希望の助動詞「たい」を添えて、「眠りたい」とも表現できるところから、「眠い」「眠たい」「眠りたい」の別は、何とも微妙でしょう。

「平べったい」「野暮ったい」の「たい」の上の促音は、何がそうさせたのでしょうか。直上がバ行音ということで共通しますが、母音は異なります。理由は見えてきません。そこで、上接する部分ですが、「野暮」は「野暮だ」という形容動詞ですし、「平たい」の「平」も、いま副詞として扱う「平に」が連用形と見える未発達形容動詞です。「平」も「野暮」も、その語幹です。「平べったい」は、「平める」という下一段に活用する動詞の連用形、その「平め」にでも「たい」が付いたものでしょうか。これらは、江戸時代から明治にかけての成立です。

「冷たい」は、アプローチ**23**・**31**・**40**などで触れてきているように、「爪いたし」です。「爪痛し」と書いたほうがもっとよかったでしょうか。平安時代の「冷たし」には、寒い意でも冷たい意でも用いられていました。『枕草子』には、その二義、それぞれ、その用例が見られます。「いとつめたきころなれば、」（一七七）は、中宮様に初宮仕えしたころの感想を述べているところで、寒いころだったのでしょう。それに対して「打ちたる衣《きぬ》もつめたう、扇《あふぎ》持ちたる手も冷《ひ》ゆとも覚えず。」（二三七）は、賀茂の臨時の祭の御神楽《みかぐら》の魅力を述べているなかで、打衣《うちぎぬ》が肌に冷たいことをいっているところです。夢中になっているので、冷たさも感じられないといっているところです。ここは爪ではなく、肌が痛いことになりましょう。

アプローチ 58

接尾語「らしい」「めかしい」で構成されている形容詞――「男らしい」の「らしい」、「古めかしい」の「めかしい」

a 向こうから来るのは、男らしい。

b 男らしい態度で、はっきり答えなさい。

a文の「らしい」とb文の「らしい」との違いは、それぞれの「男」と「らしい」との間に、「である」を入れることができるかどうかで判断できます。「である」を入れることができるほうが、「男」という名詞と「らしい」という推定の助動詞です。このa文、b文についていうと、a文のほうが、その「である」を入れることができるほうということになります。そこで、a文の「らしい」は、推定の助動詞ということになります。

それに対して、b文の「男らしい」は、「男」と「らしい」との間に「である」を入れることができません。「男らしい」が一単語だからです。どういう一単語かというと、「男」という名詞に「らしい」という接尾語が付いて、一単語の形容詞となっていたのです。いかにも男性という感じがする、という意味になっているでしょう。

日本語には、古く奈良時代にも「らし」という推定の助動詞がありましたが、平安時代の初めごろまでで見られなくなってしまいました。しかも、その奈良時代・平安時代とも、和歌に見る用例でした。ところが、室町時代の終わりごろから、現代語の形容詞型に相当する接尾語の「らしい」が見られるようになり、さらに助動詞「らしい」も見られるようになりました。これらの「らしい」が、古典語助動詞の「らし」と関係があるのかどうかについては、よく分かっていません。
現在、接尾語「らしい」が付いて、形容詞として認識されているものとして、「愛らしい」「阿呆《あほ》らしい」「意地らしい」「嫌《いや》らしい」「可愛《かわい》らしい」「汚《きたな》らしい」「しおらしい」「憎らしい」「馬鹿《ばか》らしい」「わざとらしい」などを挙げることができます。

c　ようやく春めいてきた。

d　会長は、引退を仄めかしていた。

e　古めかしいテーブルが置いてあった。

cの傍線部「めく」も、dの傍線部「めかす」も、eの傍線部「めかしい」も、みんな接尾語です。「めく」は、上の名詞「春」に付いて、一単語のカ行五段活用動詞にしています。そのような状態になる意を付け加えています。「めかす」は、上の接頭語「仄《ほの》」に付いて、一単語のサ行五段活用動詞にしています。そのような状態にする意を付け加えています。「めかしい」は、上の形容詞語幹「古」に付いて一単語の形容詞にしています。そのような状態に見える意を付け加えています。
接尾語「めかしい」が付いて、形容詞として認定されているものは、他に「艶《なま》めかしい」があるぐらいです。ただ、「めかしい」を付けた表現は、幾つか見られます。「冗談めかしく本心を打ち明けた。」の「冗談《じょうだん》めかしい」や「秘密めかしい口振りで語った。」の「秘密めかしい」などです。これらは、接尾語「めかしい」を付けることによって、いかにも冗談のように見えるとか、いかにも秘密のように見える意を表していますが、使用頻度等から考えて、形容詞と認定されるには至っていません。「古めかしい」との違いを感じ取ってください。

アプローチ

59 接尾語「らしい」が付いて一単語化している形容詞——「阿呆《あほ》らしい」「嫌《いや》らしい」「意地《いじ》らしい」など

アプローチ58において、形容詞「男らしい」と「男」に推定の助動詞「らしい」が接続した男であるらしい意の「男らしい」との別について確認しました。ここでは、一単語の「男らしい」と同じ一単語化している用例を確認していきます。

「憎い」という形容詞があるのに、その語幹「憎」に接尾語「らしい」を付けて、江戸時代に「憎らしい」が登場しました。いかにも憎いという意は当然として、心憎いという、妬《ねた》ましいほどに好ましい意などにも用いられてきています。さらに、接頭語「小《こ》」を付けた「小憎《こにく》らしい」も生んでいます。ちょっとした振る舞いなどに生意気さを感じた相手に対して抱く感情をいう表現です。

「阿呆《あほ》らしい」「馬鹿《ばか》らしい」も、江戸時代から用例を見ます。「阿呆《あほう》らしい」は、さらに古く、『日葡《にっぽ》辞書《じしょ》』にも「Afŏraxij（アハウラシイ）」とありました。意味するところは、現代語と同じです。ともに、形容動詞の語幹としての「阿呆」「馬鹿」に接尾語「らしい」が付いています。「嫌《いや》らしい」も、形容動詞語幹の「嫌」に接尾語「らしい」が付いていることになります。単に態度などが好ましくない意にも、下品な好色さをいう意にも用いています。「尤《もっと》もらしい」も、接続詞からではなく、形容動詞「尤もだ」の語幹に、この「らしい」が付いたものです。いかにも、そのとおりだという感じをいうことになります。

既に見てきた「男らしい」ですが、現代にあっては、すべての男性が、筋肉逞《たくま》しく、決断力があったりするわけではありませんので、ある意味ではもう死語なのかもしれません。「女らしい」は、もっと微妙で、差別語とされてもいましょうか。女性のほうが積極的なところもありますので、「女らしい」に積極性を感じ取ることにならないかといったら、これまた、お叱りを受けましょう。「子どもらしい」も、そのような期待をすることがあってよいのかどうか、気になりますが、「人間らしい」は、あってほしいように思えます。とにかく、いずれも、形容詞として認められています。

「勿体《もったい》らしい」は、名詞「勿体」に、その「らしい」が直接したものでしょうか、「勿体ぶる」という動詞を意識して成立したものでしょうか。いかにも物々しく振る舞う様子をいいますが、その意味するところからも、江戸時代から明治にかけての、前近代からせいぜい近代までの意識をもつ形容詞です。「いじらしい」の「いじ」は、歴史的仮名遣いでは、「いぢ」となります。そこで、「意地」と見てよいことになります。「意地」はもとは仏教語ですが、江戸時代には、自分の主張や行動を押し通そうとする気持ちをいうようになってきています。それを、弱者がそうする場合に限ったとき、いかにも「意地」にふさわしく、「意地らしい」の成立となったのでしょうか。近年は、年齢や能力の劣っている者が頑張っている姿を見て、痛々しく思い、同情し、可愛らしさを感じた場合に用いているように見えます。

「みすぼらしい」は、どういう出自なのでしょうか。少なくとも、この「らしい」は、接尾語「らしい」ではありません。「見窄《みすぼ》らしい」と漢字表記しているものもあります。「窄」はサクという音で、せまい意を表します。「狭窄《きょうさく》」の「窄」です。鎌倉時代の『名語記《みょうごき》』や室町時代の『温故知新書《おんこちしんしょ》』には、「すぼる」という動詞が載っていて、この漢字が当てられています。そこで、「見窄る」という複合動詞が見えてきます。すると、アプローチ**69**で見ることになる古典語四段活用動詞が未然形から形容詞化する法則に該当することになります。ただ、「みすぼらしい」は、身なりが貧相であることをいうので、その「み」を「身」であるとする見方もあります。「見窄らしい」でしょうか。「身窄らしい」でしょうか。

アプローチ 60

接尾語「がましい」で、その感じを表す形容詞――

「烏滸《おこ》がましい」「恩着せがましい」、そして、「晴れがましい」など

接尾語「がましい」は、平安時代に殊に多くの動詞連用形や名詞やまた副詞などに付いた用例を見ることができます。古典語時代の「がまし」のほうが活躍していた、ということです。『枕草子』には「歌がまし」「歌詠みがまし」「恥ぢがまし」だけですが、『源氏物語』には「戯《あざ》れがまし」「苛《い》られがまし」「得がまし」「託言《かごと》がまし」「寛《くつろ》ぎがまし」「事がまし」「散楽《さるがう》がまし」「痴《し》れがまし」「好きがまし」「塵《ちり》がまし」「拗《ねぢ》けがまし」「恥ぢがまし」「隔てがまし」「物隔てがまし」「わざとがまし」「痴《をこ》がまし」の、異なり語数として十六単語ということになります。個人差が大きいように思えます。それらと、これから見ていく現代語の接尾語「がましい」が付いた形容詞とでは、だいぶ印象が違います。

右のうち、現代語に残っているのは、「おこがましい」だけです。正訓字としては「痴《おこ》がましい」となりますが、その古典語名詞は「をこ」で、当代漢字資料では、「烏滸《をこ》」などが採用されていたところから、現在も「烏滸《おこ》がましい」と漢字表記するほうが多いでしょう。古典語としても、いかにも愚かだということです。『落窪物語』に「かたちいとふくれて、いとをこがましと、少将つくづくとかいばみ臥したり。」（一）とあって、落窪の姫君を虐《いじ》める継母北の方を少将が覗《のぞ》き見しているところです。その少将の眼には、ひどく愚鈍な女と見えた、というのです。

現代語としては、「恨みがましい」「押しつけがましい」「恩着せがましい」「差し出がましい」「未練がましい」などです。複合動詞連用形に付く用例や漢語形容動詞語幹に付いている点からだけでも、平

安時代からは遠い感じがすると思います。大まかにいって、「恨みがましい」「差し出がましい」は江戸時代から、「恩着せがましい」「未練がましい」は明治になってからです。一単語、見落としていました。「晴れがましい」です。これだけが、平安時代の『夜《よる》の寝覚《ねざめ》』に「かたちきよらにて、君に具し奉りて晴れがましからむに、恥なく目やすきさましたり。」(二)とあって、中の君の姫君の乳母になった尼君の娘が髪も器量もよく、姫君に付き添って晴れがましい所に出たとしても恥ずかしいところがないといっているところです。そのまま現代語としてよい「晴れがまし」です。

この接尾語「がましい」は、平安時代には、幅広く多くの和語に付いて、特にプラスイメージとかマイナスイメージとかに偏《かたよ》ることとはならなかったようですが、鎌倉時代から以降、マイナスイメージの方向に傾いていきました。そういうなか、いま取り上げた「晴れがましい」だけが、肯定的な意味を表すものとして注目されています。

さて、騒々しいことをいう「囂《かしがま》しい」という形容詞があります。その「かしがましい」も、第三音節めからは、「がまし」「がましい」となります。すると、上の「かし」とは、何でしょうか。実は、「囂」に「かしがま」が相当し、「がましい」として切り離すことはできません。この「かし」は、古典語「囂《かしま》し」の上の二音節で、次に「かまし」というやはり騒々しい意の形容詞が付いたものが原形でした。その「かしかまし」が現代語としては「かしがましい」になっているのです。ですから、「囂《かしがま》しい」は、接尾語「がましい」が付いて成立した形容詞ではなかったのです。

アプローチ 61

接尾語「たらしい」で、嫌《いや》な感じを表す形容詞――「長たらしい」「酷《むご》たらしい」「貧乏たらしい」など

「長たらしい」「憎たらしい」の「たらしい」について、接尾語として取り扱う整理の仕方には従うとしても、「たらしい」にどんな意味が担わされているのか、そこを捉えたいと思いつづけていますが、なかなか見えてきません。同じように形容詞化する接尾語「らしい」の存在を考えたとき、その「た」は何なのかということになります。多くの先達もそう考えて、その「た」は「態《てい》」という漢語の約音化したものかと見ています。ここで、「たらしい」は、そういう様子であるらしい、とでも解したらよいことになりましょうか。

その接尾語「たらしい」を付けて成立している形容詞で現代語として用いられているもの八単語について、その初出年時がどうであるかを『日本国語大辞典第二版』で確認して、その年度順に並べてみようと思います。「長《なが》たらしい」(1661)「酷《むご》たらしい」(1711)「嫌味《いやみ》たらしい」(1832)「憎《にく》たらしい」(1886)「無精《ぶしょう》たらしい」(1926)「貧乏《びんぼう》ったらしい」(1927)「気障《きざ》ったらしい」(1931)の順です。「自慢たらしい」は、立項されて語釈は施されていますが、文献用例は見つかっていなかったのでしょう。載っていませんでした。

その接尾語そのものの「たらしい」か「ったらしい」かの別についても、促音が入るのが時間的に遅れるはずであったとしても、文献に記載される語形が、それと一致するとは限らないし、文献もまた、残る残らないは、偶然でしかないのです。右の用例に即していうと、「貧乏ったらしい」は、そのよう

に（1927）の里見弴《とん》の『今年竹』に見るのですが、「貧乏たらしい」は、坂口安吾の『青鬼の褌《ふんどし》を洗ふ女』（1947）を待たなければならないことになってしまうのです。少なくとも（1927）以前に、「貧乏たらしい」を使用していた人たちが大勢いたと思いますが、確かな文献での確認ができていないのです。その辞典から分かることは、そういうことなのです。

さて、最も早くに成立していた「長たらしい」は、仮名草子の『東海道名所記』の「ただああああとながたらしく引きずりたるばかり也。」（二）が初出です。嫌になるほど「ああああ」と発音を長く伸ばしているというのでしょう。その嫌になるほどどういう状態であるかを「たらしい」が加えているのでした。「長」「酷」「憎」は、「長い」「酷い」「憎い」という形容詞の語幹です。その形容詞語幹に「たらしい」が付いたのです。「嫌味」「無精」「気障」は、「嫌味だ」「無精だ」「気障だ」という形容動詞の語幹です。その形容動詞語幹に「たらしい」が付いたのです。「貧乏」も、形容動詞の語幹でもありますが、名詞でもあって、悩まされます。「自慢」は名詞です。この「自慢」も、よくない態度をいうものでしょう。とにかくマイナスイメージのものに付きました。

「たらしい」は、既に紹介したように「態《てい》らし」を起源かとするのが一般に認められていますが、そのテイは鎌倉時代語としては「体《てい》」でしょう。「体」そのものが接尾語としても用いられています。その「体」に断定の助動詞「たり」のク語法としての「たらく」が付いた「体《てい》たらく」という、様子を意味する言葉があります。「為体」と書いてそう読ませもしました。形容詞をつくる接尾語「たらしい」の成立には、この「体たらく」が関係するように思えてなりません。

アプローチ 62

語末が「めかしい」「めしい」となっている形容詞——「めかしい」は接尾語／「恨めしい」は、たまたまそうなったもの

「〇〇めかしい」とか「〇〇めしい」というように、語末がそうなっている形容詞があります。「めく」や「めかす」という動詞型接尾語もあって、誤解されることもあろうと思われるところから、アプローチ**58**で、その読み分けの手引きをいたしました。現代語では、その該当用例は限られますが、古典語には、その接尾語「めかし」によって成立していた形容詞がその他《ほか》にもありました。現代語形容詞には「めしい」が語末となっている形容詞が二単語ありますが、それらは、たまたまそうなっていたにすぎません。

既に見ている用例は、「古めかしい」でした。現代語としては、その他には「艶《なま》めかしい」があるだけですが、例えば『源氏物語』には、「今めかし」「色めかし」「子めかし」「上衆《じやうず》めかし」「物めかし」「わざとめかし」がありました。『発心集』には「物《もの》の怪《け》めかし」もありました。貴人らしい感じを「上衆めかし」といいましたが、それは「上衆めく」というように接尾語「めく」が付いて動詞化していた「上衆めく」が形容詞化したものです。『源氏物語』の「覚えいとやんごとなく、上衆めかしけれど、わりなく纏《まつ》はさせ給ふあまりに、」（桐壺）は、桐壺の更衣のことをいっていて、いかにも高貴な風格をそなえていたが、帝がむやみに側に引きつけてばかりいらっしゃったことをいっているところです。

その平安時代には、多様な優美さが「なまめかし」で表現されていました。清新で瑞々《みずみず》しい優美さもなよやかな優美さも、さらにしっとりした優美さも、動詞「艶めく」を形容詞化させた「なまめかし」で表現していました。それが現代語としては、容姿や仕草《しぐさ》などが色っぽいときに用いるようになってき

ています。情事の描写の専用語となっています。したがって、「古めかしい」も、「古めく」が先行していたと見なければなりません。そして、そのとおり、『枕草子』にも『蜻蛉日記《かげろうにっき》』にも、その「古めく」がありました。『源氏物語』には、十三例の「古めかし」がありました。老人くさい感じをいうこともありましたが、多くが現代と同じで、古風だという意味で用いられています。現代的だの意の「今めかし」の対義語でした。

『発心集』の「物の怪めかし」は、「かくて日比《ひごろ》ふるままに、物のけめかしき病す。」（三・蓮花城入水事）とありました。物の怪が取《と》り憑《つ》いたような病気にかかったということです。

さて、威厳に満ちている雰囲気をいったり、警戒が厳重である様子をいったりする「厳《いか》めしい」というシク活用系形容詞があります。古典語としての終止形は「厳めし」です。それを、ク活用系形容詞として受け止めてしまったのか、室町時代には「厳めい」といってしまっていたようです。『史記抄』という抄物《しょうもの》に「伯夷が孔子にほめられた、いかめい者ぢゃほどに、列伝の第一番にをく《ママ》と云わ《ママ》うぞ。」（一一・老子伯夷列伝）とありました。そして、その「いかめしい」「いかめい」を、『舞正語磨』という書物が「いかめかしくひぢを張り」（下）と表現しています。「いかめしく」というところを、それとなく「めかし」という接尾語に引かれてしまったのでしょうか。

「恨《うら》めしい」という、幽霊の台詞《せりふ》に必須の形容詞があります。この形容詞も語末が「めしい」で、「厳めしい」と「めしい」が重なりますが、その「めしい」は接尾語ではありません。動詞「恨む」からは「恨ましい」であってほしくも思いますが、とにかく「めしい」となっていました。その「めしい」は、たまたまそうなっていたということになるようです。

アプローチ

63 「濃い」か接尾語か、語末が「っこい」の形容詞――「脂《あぶら》っこい」と「狭《せま》っこい」など

「脂こい」は促音を入れた「脂っこい」のほうが一般化していましょうか。味がしつこい場合にいいます。谷崎潤一郎も『蓼喰《たでく》ふ虫』で、「三四日振りに脂っこい物を昼食に取り、」と用いています。もともと、その「こい」は、「濃し」でした。鎌倉時代の観智院本『類聚名義抄《るいじゅみょうぎしょう》』という辞書にも、「臓　アブラコシ」とありました。ただ、現代語としては、その「こい」、接尾語とでもするよりほかないでしょうか。

「狭《せま》っこい」の「こい」は、完全に接尾語化しています。「細《ほそ》っこい」ともいいます。そのように狭いとか細いとかいう小さいことを示すのに、その「こい」を添えていっているようにも思えてきます。「小さい」を「ちっこい」ともいうので、そう感じてしまうのでしょうか。広い、太い、大きいには生じることのない、その「こい」、既に「っこい」になってしまっている「こい」は、「濃い」に始まる「こい」とは思えません。あえて理屈をつけると、上接する「狭《せま》」「細《ほそ》」「小《ちい》」の概念を凝縮させて強意の働きをもつ接尾語「っこい」とでもいったらよいことになりましょうか。

有島武郎の『或る女』に「狭っこい boudoir のような船室で、」（前・二〇）とあります。内田魯庵《ろあん》の『社会百面相』に「細っこい滝か小さな池の一つもあったら、」（電影・七）とありました。「狭っこい」については、ほぼ同じ明治のころ、「狭ったい」ともいっています。四代目橘家圓喬《たちばなやえんきょう》という落語家が「大男の女郎買」でそう語っています。アプローチ**57**で見てきた接尾語「たい」を付けていたことになります。

「ねちっこい」「ねばっこい」「ひゃっこい」も、とにかく接尾語「っこい」が付いていることに変わ

りないでしょう。「ねちねち」「ねばねば」といった擬態語《オノマトペ》の「ねち」「ねば」に、その「っこい」を付けたものと、「冷《ひ》やこい」が変化したといわれているものです。現存する文献資料からは、「ねばねば」が古く、鎌倉時代の語源辞書『名語記《みょうごき》』にも載っています。「冷《ひや》っこい」も、江戸時代の浮世草子の『本朝桜陰比事』に「俄に水涌あがりきよげに冷《ひや》こく夏をしのぐためには是ぞと、」とありました。ヤ行下二段活用動詞「冷ゆ」の「冷え」をア段音にしています。アプローチ**70**で確かめてください。上二段活用の「悔ゆ」が「悔しい」となる現象が参考になります。さらに、一単語、つるつるしている様子をいう「のめっこい」も、「のめる」という動詞からつくられたのでしょう。前に倒れそうになる意の動詞です。その「のめ」だけを採用したのは、促音を挟んだ五音節にしたかったからでしょう。

　語末が「こい」となっている形容詞でも、「人懐《ひとなつ》こい」は、接尾語「こい」を付けたものでないことが、それとなく感じられてきます。「人懐こい」は、誰に対しても好意的でうちとける性質を意味しています。井伏鱒二の『屋根の上のサワン』に「この鳥は非常に人なつこい鳥らしく、」とあって、そのサワンと名づけたがんの性質を紹介しています。江戸時代までに用例はなく、近現代語としての用例をしか見ません。「懐こい」だけでも、通用しています。動詞「懐く」との関係が直ちに感じられて、そこで、「こい」だけで切り離して解することができなかったのです。「懐かしい」とはまったく違う、動詞「懐く」から派生した形容詞でした。

　執拗《しつよう》だの意の「しつこい」「しつっこい」、敏捷《びんしょう》だの意の「はしこい」「はしっこい」、どちらも、その成立が見えてきません。語末が「こい」「っこい」となる形容詞には、このように、事情の分からないものが多いのです。その「はしこい」は、「すばしこい」ともいわれます。その先後関係も分かっていません。それほどに不明なことの多い、語末が「こい」「っこい」となる形容詞たちです。

アプローチ
64

接尾語「にくい」「づらい」が付いた形容詞——「言いにくい」「行きにくい」と「言いづらい」「行きづらい」と

アプローチ**55**で、接尾語「がたい」が動詞の連用形に付いて、できない意を加えることを確認しました。それに、たいへんよく似た働きをする形容詞型接尾語があります。「にくい」と「づらい」とです。接尾語「がたい」を用いた「言いがたい」は、「言いにくい」と言ってもよく、「言いづらい」と言ってもよいでしょう。その接尾語「にくい」「づらい」については、形容詞「憎し」「辛《つら》し」が、そのような用法を生んで、現在、「言いにくい」「言いづらい」になっているのであろうと、誰しもが容易に推測できるでしょう。間違いなく、そのとおりです。そうであるとしたら、どうして、「憎し」「辛し」がそのような「にくい」「づらい」となったのでしょうか。

古典語「憎し」は、奈良時代から存在していました。嫌いだの意で、『万葉集』の「紫のにほへる妹を憎くあらば人妻ゆゑに吾れ恋ひめやも」（一二一）は、大海人《おおあま》皇子であった天武天皇が既に天智天皇の人妻であった額田王《ぬかたのおおきみ》に対する思いを詠んだものでした。嫌いだったら恋するはずがないでしょう、というのです。この意味は、そのまま現代語に残っています。その後に発生した意味が幾つかありますが、大きく分けると、平安時代からある時期までのものと、鎌倉時代からある時期までニュアンスを変えているものと、であるようです。見苦しいとか劣っているとかいう意味と、不本意だという意味とですが、ともに残っていません。優れていて憎いほどだの意は、現代語の可愛いとか感心するとかの意で用いているものに繋《つな》がると見てよいように思えますが、厳密には分かりません。

その「憎し」に対して、接尾語「にくし」は、「憎し」の本来の意味のまま、接尾語化していきました。その初出は、『竹取物語』の「「かぐや姫据ゑむには例様《れいやう》見にくし。」とのたまひて、うるはしき屋を作り給ひて、」（龍《たつ》の頸《くび》の玉）は、大伴の大納言が、かぐや姫を妻として据えるのに普段のままでは見苦しい、と言っているところです。その「にくし」は、「見る」の連用形に付いて、そうするのは嫌だという気持ちで添えられています。後には、「醜《みにく》し」となり、現代語の「醜い」となるのですが、ここでは、その「にくし」は「見」を補助する補助形容詞です。一般にいう接尾語化の初出用例です。接尾語「にくい」には、長い歴史があったのです。『宇津保物語』には、「使ひにくし」を、『源氏物語』には「立ち離れにくし」を見ます。『徒然草』にも、「十まで成りぬれば惜しく覚えて、多くまさらぬ石には換へにくし。」（一八八）と見られます。碁を打つ人の心理をいっているところです。

それに対して、「づらい」の登場は遅れます。「辛し」という形容詞そのものは、「憎し」同様、奈良時代から存在するのですが、「づらい」を見せるのは、江戸時代に入ってからです。滑稽本の『浮世風呂』の「ゐ《ママ》らふ《ママ》聞づらいナ。」（二・上）などです。俳諧の『温泉之記』の「いきつらひ《ママ》行悪き也。」は、「行きづらい」が「行きにくい」ことだと言い換えて説明していることになります。新登場の「づらい」を広く認識されている表現に言い換えて解説していることになります。

接尾語「がたい」も、ここで取り上げた接尾語「にくい」「づらい」も、動詞の連用形に付いて、できない意を加えて形容詞化させている点で共通します。ただ、いずれについても、どの段階でそれぞれを形容詞と認定してよいかについては、判断に個人差があるでしょう。殊に「にくい」「づらい」が付いて定着した形容詞は、「がたい」に比して限られるでしょう。

アプローチ
65 騒音の不快感を訴えて生み出された形容詞――「煩《うるさ》い」「騒がしい」「騒々しい」「囂《かしま》しい」「喧《やかま》しい」など

騒音防止条例などない時代、その騒音を多様な形容詞で捉えて、その不快感を訴えてきていたように思えてきます。それほどに、騒音に対する不快感を表す形容詞が多いのです。「煩《うるさ》い」「騒がしい」「騒々しい」、ちょっと対象が警笛などとなって「けたたましい」「囂《かしがま》しい」、同じ漢字の「囂《かしま》しい」「囂《かまびす》しい」などです。「喧《やかま》しい」もありました。

「うるさい」は古典語「うるさし」として、平安時代の仮名文学には、行き届いて優れている意にも煩わしい意にも用いられています。音声に対していうようになるのは、その平安時代末からです。後世、「五月蝿《うるさ》い」という漢字表記を採用した辞書は、『大言海』の前身の『言海』でした。

「騒がしい」は、四段活用動詞「騒ぐ」の未然形「騒が」に活用語尾「し」が付いてできていて、アプローチ**69**で取り上げる造語法に従ったもので、その代表的用例です。平安時代から見られ、『枕草子』に「風いたう吹きて、雨などさわがしき日、」（四二）とありました。

「騒々しい」はアプローチ**11**で見てきた畳語形容詞です。室町時代末の饅頭屋本《まんじゅうやぼん》『節用集《せっちょうしゅう》』に「忩々ソウゾウシ」とあるのが初出です。「忩」は「悤」の俗字で、古訓はイソガハシなどです。したがって、「騒々」は宛《あ》て字です。「騒」の字音はザウだからです。

「けたたましい」は、鎌倉時代の語源辞書の『名語記《みょうごき》』に「けたたまし、如何」（一〇）とありますが、その時代の用例は見当たりません。浄瑠璃《じょうるり》の『曾我七以呂波《そがのないろは》』に「だいじのお客さまを何事ぞとたたみかけてしかれ共、虎は少しも驚かず、「はてけたたましいどうぞいの。」（七）とあって、現代のように、クラクションなどが急に鳴った時に限る、ということではないようです。

「かしがましい」は、次に取り上げる「かしまし」の「かし」に、これも騒々しい意の「かまし」が付いたと見られています。したがって、「かしがましい」の「がましい」は、接尾語ではありません。アプローチ**60**で確認してください。『古今和歌集』に、「秋の野になまめき立てる女郎花《をみなへし》あなかしかまし花も一時《ひととき》」（一〇一六）とあります。遍照《へんじょう》が色めかしく競い合うように咲いている女郎花に、お喋《しゃべ》りがうるさい、花の美しさも一時《いっとき》のことだぞ、と窘《たしな》めた一首です。その後、誤って「かしがましい」となりました。それほど、接尾語「がましい」が多く用いられていた、ということでしょう。

「かしましい」は、「姦《かしま》しい」とも漢字表記されます。その「姦」という漢字はカンという音で、男女のみだらな関係などを意味します。この漢字に騒々しい意を担わせたのは、日本においてであって、「女三人寄れば姦《かしま》しい」というように漢字の構成と結びつけた言語遊戯です。鎌倉時代から用例を見ます。「かしがましい」の上の二音節「かし」は、その「かしましい」の「かし」と通じ、その下に、「やかましい」の原形「いやかまし」の「かまし」が付いて、「かしがましい」となったものと見られています。アプローチ**60**でも、軽く触れました。

「かまびすしい」も鎌倉時代から見られます。その古典語形「かまびすし」はク活用にもシク活用にも活用して、その後、シク活用だけとなり、現代語はシク活用系「かまびすしい」となっています。もとは漢文訓読語と見られます。

「やかましい」は、「かしがましい」の「がましい」の古形「かまし」の上に「弥《いや》」が付いた「いやかまし」が古形でしょうが、用例は江戸時代からです。「かまし」は、下接専用の騒々しい意の形容詞でした。

アプローチ 66 接頭語「小」を冠して、別の語義を派生した形容詞——「小高《こだか》い」「小狡《こずる》い」「小憎《こにく》らしい」など

アプローチ22において、形容詞「高い」に関連して、「小高い」にも触れてきました。被修飾語は「丘」と決まっている「小高い」です。これから見ていく、接頭語「小」を冠した形容詞のなかで、この「小高い」だけが、プラスイメージの言葉なのです。丘や高台などの頂上に一定の広さがあって、その一定の広さの土地は、人工的に整地された場所に限られます。そこには、瀟洒《しょうしゃ》なマンションがあるか、さもなければ、霊園でしょう。

さて、「汚い」も「狡《ずる》い」も、もともと、マイナスイメージの言葉です。それらに接頭語「小」を冠するということは、どういう目的があってそうさせるのでしょうか。「小汚い」の被修飾語は、「婆《ばあ》さん」とか「労務者」とかいう底辺を生きる人間か、「部屋」ぐらいです。「小狡い」の被修飾語も、それに相当する人間か、「打算」などでしょう。「小汚い」は江戸時代から、「小狡い」は明治から用例を見ます。「汚い」ほど汚くはないのが「小汚い」であり、「狡い」ほど狡くはないのが「小狡い」であろうと思います。接頭語「小」は、とにかく、ちょっとの意です

ところが、「小《こ》っぴどい」は非常に酷《ひど》いということで、その「小」はちょっとではなく、たいそうということになりそうです。江戸時代からの用例を見ます。「酷《ひど》い」の「ひ」がハ行音なので、その上に促音が入り、半濁音化もしたのです。「小っぱずかしい」も「恥《は》ずかしい」の「は」がハ行音なので、そのように「ぱ」となっています。促音については、「こ」が「こっ」になったといったほうがよいよ

うです。「小賢《こざか》しい」の古典語「小賢し」は、平安時代の用例がありました。歌学書の『俊頼髄脳《としよりずいのう》』に「このごろの人は、小賢しとや憎まむ。」とあって、その和歌を五節の舞姫が詠んだことを近ごろの人は小生意気なことだと反感をもつだろうか、といっているところです。現在では、卑劣な狡《ずる》さまでいう「小賢しい」となっています。理性的ですきがない意でした。「賢し」は、プラスイメージの形容詞でした。理性的ですきがない意でした。

接頭語「小」を冠して方向転換し、現代語としては、零落した姿を見せているように思えてなりません。

「憎らしい」は、形容詞「憎し」の語幹に接尾語「らし」を付けて成った派生形容詞です。アプローチ**59**で見てきたところです。その「憎らしい」の上に接頭語「小」が冠せられたことになります。正宗白鳥の『何処へ』の「建次は小憎らしい程平気なので、」からも、「小憎らしい」は、「憎らしい」よりもっと憎たらしいように読み取れました。

「小難《こむずか》しい」は、「難しい」との程度の差とかをいうのではなく、難しさのあり方の違いが見えてきます。論理的で、理詰めで議論するような相手を指していうようです。用例は、「小難しい理屈を並べた。」などとなるでしょう。

「小気味《こきみ》よい」と「小面憎《こづらにく》い」とについては、現代語としては、「気味よい」も「面憎い」も、もはや用いることが希《まれ》になっていますので、単に接頭語「小」が冠せられたという説明では、もはや、理解してもらえなくなっていましょうか。「小気味よい」は憎い相手を徹底してやっつけて、それを痛快と思う心理をいうまでになっています。「小面憎い」の「小」は、「面《つら》」の接頭なのでしょうか。「面憎《つらにく》い」の接頭語なのでしょうか。「面憎い」が先に成立していましたので、ちょっと面憎い、ということになりましょう。

アプローチ 67 接頭語「もの」を冠して、雰囲気を変えた形容詞——「物狂《ものぐる》おしい」「物悲《ものがな》しい」「物寂《ものさび》しい」など

『徒然草』の序段は、「つれづれなるままに、日ぐらし硯《すずり》に向かひて、心にうつりゆくよしなし事《ごと》を、そこはかとなく書きつくれば、あやしうこそものぐるほしけれ。」という一文です。上に「あやしうこそ」という係助詞がありますところから、「ものぐるほしけれ」という形容詞の已然形となって結ばれています。何となく異常な感じがしてくることだ、という意味です。そのまま、現代語として「物狂《ものぐる》おしい」となっています。古典語「物狂ほし」の現代語化した「物狂おしい」は、徐々に意味の変化を重ねて今日《こんにち》あるのではなく、古典語「物狂ほし」の意味のまま、語形が現代語化したものです。その点で、多くの他の単語、特に、多くの形容詞とは違います。

形容詞・形容動詞の上に冠せられる「もの」については、接頭語として、何となくという意を添えているものと理解されるに至っています。品詞としても語彙としても、多様な用法や意味を担っている「物」ですが、「ものの」を冠して抽象的な語句「ものの哀れ」となったり、思う対象を「もの」で表して「もの思う」といったりするところからは、漠然とした状況をいうのが本来かとも思えてきます。平安時代には、その「もの」を冠した形容詞が大量に見られましたが、現代語に残るものは限られました。「物《もの》恨《うら》めし」「物思《ものおも》はし」「物騒《ものさは》がし」「物遠《ものどほ》し」「物果無《ものはかな》し」「物恥《ものは》づかし」「物深《ものぶか》し」「物難《ものむづか》し」「物侘《ものわび》し」などは、『源氏物語』に複数見る用語例です。

現代語にまで残っている代表ともいえる用語例は、「物悲《ものがな》しい」と「物寂《ものさび》しい」とです。『源氏物語』

にも「物悲し」「物寂し」とあって、現代語としてもしばしば用いられている「物悲しい」と「物寂しい」とです。堀辰雄の『美しい村』の「その淡々とした物語に或る物悲しい陰影《ニュアンス》を与えるばかりで満足しようとしていた。」や永井荷風の『濹東綺譚《ぼくとうきだん》』の「行先はどこへ続くのやら、何となく物寂しい気がする。」が、その用例です。

ただ、「物凄《ものすご》い」は『源氏物語』にはありませんでした。延慶本《えんきょうぼん》『平家物語』の「美乃国不破関《みののくにふはのせき》にかかりぬれば、細谷川の水の音ものすごく音信て、」（六本・大臣殿父子関東へ下給事）が初出のようで、意味も不気味だということです。現代語としては、程度が激しい、甚だしい意となっています。そうではあっても、成立当初は、何となく不気味だ、だったのでしょう。

明治の近代語といったらいい用語例として、「物堅《ものがた》い」がありました。森鷗外が『雁』に「親子共物《もの》堅《がた》い人間で、」と書いていましたが、そこに、何となくは感じ取れるでしょうか、どうでしょうか、概して律儀であるという、概してぐらいに当たる接頭語「もの」の用法です。

「物憂《ものう》い」の古典語「物憂《ものう》し」は『源氏物語』にあり、現代語「物憂い」としても用いられています。意味もまた、何となく憂鬱《ゆううつ》だということで、一貫しているといっていいでしょう。夏目漱石の『それから』の「何を為《す》るのも物憂いと云うのとは違って、」からは、何となく憂鬱でだるいというように懈《だる》い意が加わっていることになりましょうか。「何を為るのも」の「為る」がそう感じ取らせるのでしょうか。『古今和歌集』の「鳴きとむる花しなければ鶯《うぐひす》もはては物憂くなりぬべらなり」（一二八）には、その懈さは感じられません。近代・現代にあっては、「物憂い」を人間の動作と関連づけてきているようです。

アプローチ
68 語頭が名詞「口」「目」になっている形容詞——

「口うるさい」の「口」は表現の意、「口寂《くちさみ》しい」の「口」は食べたい意／「目《め》ぼしい」は「目《ま》ぼしい」から

「口」は、食物を取り入れて消化器官に送りこむ器官です。併せて、音声で発する器官でもあります。食事にも口頭表現にも必要なところです。

「口うるさい」「口汚《くちぎたな》い」「口やかましい」の「口」は、表現の意に受けとめられます。「口煩《くちうるさ》い」は表現が煩わしいということで、僅《わず》かなことにも小言《こごと》を言うような性情をいいます。「口汚い」は表現が汚いということで、乱暴で下品な物言いをいいます。「口喧《くちやかま》しい」は表現が喧しいということで、騒々しいことをいいましたが、近年は、細かいことにも注文をつけるような性情をいうようになってきて、「口煩い」との区別がなくなりました。

「口はばったい」は「口幅《くちはば》ったい」と漢字表記し、「口幅たい」というように促音を入れないで発音していたこともあります。その「たい」は「いたい」で、アプローチ**57**で多くの仲間に出会っています。口の幅が並々《なみなみ》でない意が原義で、身の程も考えないで大きなことを言ったりする態度をいうことになります。明治のころは、夏目漱石の『明暗』の「余り口幅ったい事を仰っしゃると、」のように他者についてもいっていますが、近年は「口はばったいことを申し上げるようですが、」など、自分の発言の、前置きの謙譲表現となってきています。

「口さがない」は、他人のことについて無遠慮に言いふらしたりする傾向を指していいます。その古典語「口さがなし」は、『源氏物語』にも「口さがなきものは世の人なりけり。」（行幸《みゆき》）とあって、玉《たま》

鬘《かずら》の存在を口外しないよう父の内大臣と源氏とが約束していましたが、世間に知られてしまったことをいっています。「さが」は性質ということで、「さがなし」で性格が悪い意となります。表現についての性格の悪いのが、噂《うわさ》です。正字は噂で、尊は人が集まる意で、尊いという意ではありません。

同じように「口」から始まる形容詞ですが、「口寂《くちさみ》しい」の「口」は違います。何か食べたい感じをいいます。この「口」だけが食べることについていうものでした。

「目」で始まる形容詞で、「目」と現存の形容詞とが結びついたものは「目ざとい」だけです。古典語形容詞が「目」の述語となった「目聴《めざと》し」で、平安時代末から見られます。「聴し」は現代語に残りませんでしたが、「目聴し」は「目ざとい」となって生きています。視覚が鋭く見つける能力と目を覚ましやすい性情とを意味し、表記も「目敏《めざと》い」となりました。

「目覚《めざ》ましい」は、「目覚む」という下二段活用動詞が形容詞化したもので、アプローチ**70**を見てください。現在は、目立ってすばらしい意となっています。その「目立つ」という動詞が形容詞化した「目立たし」が鎌倉時代にありましたが、もはや、現代語にはありません。念のためにいっておきますと、「目立たない」は形容詞ではありません。しかし、そうなる日もあるでしょう。

「目まぐるしい」は「目紛《めまぎ》らしい」が転じたもので、その「目紛らしい」は、もはや現代語ではない「目紛《めまぎ》れ」という名詞が形容詞化したものです。まさに目まぐるしい変化です。「めぼしい」は、現在は仮名書きしかしないでしょうが、近い用例としては、阿川弘之が『春の城』で「目ぼしい成果は何一つ挙がっていなかった。」(三)と書いていました。その語源、『大言海』は「目映《まば》ゆし」の約転と見ていました。しかし、意外な真実は、アプローチ**52**の「まぼしい」の「目《ま》ぼしい」を「目《め》ぼしい」と読んでしまったということでもあるようです。

アプローチ 69

古典語四段活用動詞未然形が語幹となった形容詞――「望ましい」の「望ま」／「ゆかしい」の「行か」／「ふさわしい」の「適は」は、四段活用未然形

アプローチ24において、「懐かしい」という形容詞の成立に触れました。動詞「懐く」の未然形「懐か」が、その語幹となっています。このように、古典語四段活用動詞の未然形が形容詞化したものは、現代語だけでも、三十単語近くあるでしょう。

圧倒的に多いのが、古典語マ行四段活用動詞です。現代語マ行五段活用動詞「勇む」の用例は「勇んで出発する。」くらいとなりましたが、はやり立つ意で、古典語としてはマ行四段に活用しました。そこから形容詞「勇ましい」が生まれています。「傷《いた》ましい」「疎《うと》ましい」「羨《うらや》ましい」「好ましい」「悩ましい」「妬《ねた》ましい」「望ましい」「微笑《ほほえ》ましい」などは、直ちにその動詞が見えてくる用例です。

現代語「あさましい」は、品性、態度に我欲《がよく》丸出しで卑しい性情をいいますが、軽蔑する意の古典語動詞「浅む」が形容詞化したものです。その古典語形容詞「あさまし」も「浅む」の意からはちょっと離れて、意外さに驚きあきれる意を表して、多くの古典文学作品に用いられていました。「疚《やま》しい」も、動詞「病《や》む」が形容詞化したものです。古典語としては悩ましい意でしたが、現在は、後ろ暗い気持ちをいうようになっています。「好ましい」は、「好もしい」ともいわれていましょうか。

「輝かしい」「艶《なまめ》かしい」からは、カ行四段動詞「輝く」「艶く」が見えてきます。あの「懐かしい」と同じグループです。現代語「ゆかしい」は奥ゆかしい意を担うことになってしまいましたが、古典語「ゆかし」は、知りたい、見たいなど、心《こころ》惹《ひ》かれる気持ちを表現する形容詞でした。カ行四段活用動詞「行

く」が形容詞化したものだったからです。

「疑わしい」「慕わしい」「願わしい」は、古典語ハ行四段活用動詞「疑ふ」「慕ふ」「願ふ」が形容詞化した「疑はし」「慕はし」「願はし」の現代語ということになります。現代語動詞としては、ア・ワ行五段動詞と関連する形容詞ということになります。「ふさわしい」も、語幹が「ふさわ」で、「わ」となっていますが、漢字表記「相応《ふさわ》しい」などからは、動詞性が見えてこないようにも思えますが、実は、これも動詞だったのです。「相応《ふさ》ふ」という動詞ですが、用例は『古事記』の「沖つ鳥胸《むな》見る時ははたぎも是《こ》れは適《ふさ》はず」(上・大国主命・歌謡四)など、限られます。ばたばたさせても似合わない、といっていて、似合う意です。

「苛立《いらだ》たしい」「腹立たしい」も、「苛立つ」「腹立つ」の形容詞形ということになります。「喜ばしい」も、「喜ぶ」の形容詞形ということになります。「忙《いそが》しい」も、動詞「急ぐ」が形容詞化したものです。平安時代の初めから相応の用例が見られ、落ち着かない気持ちを表現したり、次から次へと続く様子をいうこともありましたが、多忙だの意で用いられつづけて現在に至っています。

動詞の活用も、時代によって好みや流行があるようです。古典語動詞についていうと、四段活用・上二段活用・下二段活用以外は、所属単語数の少ないものばかりです。所属単語数の多い、その三種類のなかで、四段活用が最も多いことは、どの時代を見てもいえましょう。さらに、その四段活用のなかでも、マ行四段活用は多いのです。ですから、ここでも、その該当用例が多いのですが、このシク活用系の形容詞化用例が多い理由は、さらに重要な理由が見えてくるのです。「勇む」「傷む」「疎む」「羨む」「好む」「悩む」「妬む」「望む」などは、精神的動作をいう動詞なのです。推量の助動詞「む」とも通い、「おもふ」を約音化させたムの音でもありました。それらが、情意形容詞としてのシク活用系として誕生したのが、それら形容詞だったのです。

アプローチ
70 動詞との関連が見えてくるだけの形容詞——「慌《あわ》つ」と「慌ただしい」、「目《め》覚《ざ》む」と「目覚ましい」など

その形容詞が動詞から成立していることが見えていても、その動詞がどういう過程を経てそのような語形になっているのか、いくら考えても見えてこないものがあります。

時間に追われて落ち着かない様子や情況が不安定で目まぐるしい様子をいう形容詞として、「慌ただしい」という形容詞があります。「遽《あわただ》しい」と漢字表記することもありました。「急遽《きゅうきょ》」の「遽」です。「慌」字を用いてもちょっと前までは、「慌しい」というようにも書いていましたが、動詞「慌てる」との関係から、近年は送り仮名が長くなりました。

動詞「慌てる」との関係が見えたところから送り仮名まで改められたわけですが、では、その「慌てる」がどうして「慌ただしい」となったのでしょうか。「慌たづ」とでもいう四段活用であったのなら、アプローチ**69**で見てきたように、ア段音になったでしょうが、「慌てる」はそうではありません。動詞「慌てる」の古典語は下二段活用の「慌《あわ》つ」で、『大言海』など多くの語源説が、「泡《あは》立《た》つ」がその原形だとしています。ただ、それを採用すると、第二音節が「わ」と「は」とで、一致しません。また、下二段活用なら未然形も連用形もエ段であるのに、どうして「あわただ」というようにア段音となっているのか、説明することができません。

「恋しい」という形容詞の古典語「恋し」は、誰もが上二段活用動詞「恋ふ」が形容詞化したものと思っているでしょう。でも、その「こひ」がその動詞の未然形からなのか連用形からなのか、それとも名詞

化したものからの形容詞化なのか、分かりません。『万葉集』には、「こほし」があって、「こひし」の古形とされていますが、だからといって、動詞「恋ふ」との関係が見えてくるわけではありません。「悔(や)しい」という形容詞も、上二段活用動詞「悔ゆ」と関連するであろうと見えてはきますが、こちらはどうしてア段の「や」となっているのでしょうか。四段活用動詞が未然形相当形から形容詞化しているのに引かれてしまったのでしょうか。

「恥ずかしい」という形容詞が動詞「恥じる」の古典語「恥づ」に関連して成立した古典語形容詞「恥づかし」の現代語形であることも、これまた、誰しもがそう認識しているでしょう。古典語動詞「恥づ」も上二段活用動詞です。「恥づ」まではともかく、続く「か」が何であるのか、そこが見えてきません。「恥づかし」の語源については、『大言海』も触れていません。この古典語「恥づかし」は奈良時代に既に用例を見ますが、当代にあっては、類義語の「やさし」が注目されます。下二段活用動詞「痩《や》す」と関連するというのに、これまた、ア段の「さ」となっています。

アプローチ68において、「目覚ましい」の成立について、ここでの確認を予告しておきました。「目覚ましい」は下二段活用複合動詞「目覚む」から生まれた古典語形容詞「目覚まし」の現代語形です。マ行下二段活用動詞に「ま」が現れることはありません。しかし、ア段の「ま」に付いています。

「慌ただしい」「恥ずかしい」は、どう考えても、その成立の過程は見えてきません。「恋しい」も、見えそうで見えない成立過程があったと見なければならないでしょう。それに対して、上二段活用からの「悔やし」も、下二段活用からの「やさし」「目覚まし」も、動詞語末をア段音にして語尾「し」を付けて成立させている点で共通しています。一つの傾向は見えたといえましょう。

アプローチ 71 上接格助詞に支配されている形容詞――「…に近い」「…と親しい」「…より安い」など

アプローチ27において、「等しい」という形容詞が上接格助詞「と」「に」に支配されて、それら格助詞を必須とすることを述べてきました。また、アプローチ68において、「聡《さと》し」という古典語形容詞は現代語とはなりえなかったといいましたが、その「聡し」の現代語形「敏《さと》い」が格助詞「に」に付いた場合に限って辛うじて用例を見ることがありました。形容詞には、このように、上接格助詞に支配されて用いられているものがあります。

さきの「等しい」と同じように、格助詞「と」「に」に支配される形容詞として、「近い」を挙げることができます。「彼の立場はA氏の立場に近い。」です。ただ、「近い」の場合は、格助詞「に（と）」に支配されているといったほうがよいでしょう。「に」のほうが原則です。

上接格助詞が「と」だけの形容詞としては「親《した》しい」「親《ちか》しい」が挙げられます。「私は彼と親しい。」です。この格助詞「と」の下には係助詞「は」を添えて、その対象を限定することができます。「私は彼とは特に親しい。」です。

さらに、上接格助詞が「に」ともなり、「から」ともなる形容詞があります。これも「近い」です。「遠い」もそうです。「彼の家は駅に（から）近い（遠い）所にある。」です。上記用例文は、展開すると、四用例文になりますので、開いてみてください。上記用例文は、因数分解された表現形式です。

次の上接格助詞は、比較の格助詞「より」です。「高い」「低い」「広い」「狭い」などの属性形容詞を支配します。「ドルは円より高い。」です。その対義の用例文は、「円はドルより安い。」でしょうか、「ドルは円より安い。」でしょうか。

　さて、上接格助詞が「に」となる形容詞には、既に触れた「敏い」があります。「あいつは、利にさとい奴《やつ》だ。」などです。かつての「聡し」がこういう「さとい」になっていたのです。この格助詞「に」は、優劣や強弱を判断する側面を示しているのでしょう。「私は酒に弱いもので、…。」や「数理に明るい人物です。」なども挙げられます。

　このように見てくると、あの対象語を示す格助詞「が」も、それに続く形容詞を支配しているようにも見えてきます。「象は鼻が長い。」だけでなく、「日本は地震が多い。」「彼女は眼が大きい。」などもそう考えられてきました。また、感覚や感情の対象もその格助詞「が」を用いることで、それと示されているというように見えてきました。「私は歯が痛い。」も「私は母が恋しい。」も、対象格の格助詞「が」によって、「歯が」や「母が」が対象語となっていたのです。

　この上接格助詞とそれに支配される形容詞として、ここで特に注目させられた表現は、何といっても、「利にさとい」という慣用句でした。その「さとい」の古典語は「聡《さと》し」でした。「聡」という漢字は、耳がよくて理解が早いことを意味します。その漢字を古代の日本語「さとし」を当てて訓読してきたことが、『日本書紀』の「是に、天皇の姑《みをば》倭迹々《やまととと》日《ひ》百《もも》襲《そ》姫命《ひめのみこと》、聡明《さと》く叡智《さか》しくましまして、」（崇神《すじん》十年九月／寛文版訓）からも窺《うかが》えます。『大言海』によると、その「さ」は発語、「とし」は「敏《と》し」であると見ています。そのようにして、賢い、さらには、理性がある意で相応の用例が見られました。語義に大きな変化はなく、長く用いられてきていましたが、現代語としては、この「利にさとい」しか見なくなったといっていいでしょう。

アプローチ 72 敬語接頭語「お」を冠して定着した形容詞——「おいしい」の「お」／「お寒い財政」「お高くとまる」など

アプローチ7において、美味だの意の女性語形容詞「おいしい」の存在について触れてきています。古典語としての言い切りが「いし」となる形容詞がありました。漢字表記すると「美《い》し」です。好ましい、巧みだ、殊勝である、そして美味であるなど、プラスイメージに読み取れるものが多いのですが、時には、程度の甚だしさをいって、マイナスイメージの用例も見せました。『日本書紀』の訓にも採用されていますが、『源平盛衰記《げんぺいじょうすいき》』の「歌の音《こゑ》のよさよ、いしし、いししと嘆《ほ》められたり。」（一七・祇王祇女仏前事）は、よく知られた用例です。語幹が一音節「い」でしかないので、「いし、いし」と言うところを「いしし、いしし」と言ってしまっています。別の伝本には「いしう、いしう」というように連用形ウ音便形ともなっています。その「いし」が現代語に近づいて、「いしい」となっている語形に、丁寧語の接頭語「お」が冠せられて、現代語の形容詞「おいしい」となっているのです。

『日本国語大辞典第二版』も立項していない「お熱い」を次に挙げたいと思います。「お熱い仲」という「お熱い」です。男女の仲が親密でありすぎることをいいます。「お熱い」で、切り離せなくなってきていましょうか。この「お」も、丁寧語と見ておいてよいでしょう。それとは別の「暑い」に「お」が付いた「お暑い」は、挨拶表現の「お暑うございます。」となるもので、これも、「お」は丁寧語です。

その挨拶表現としての「お寒い」は『浮世床』に「どなた様も能《よ》う御出《おいで》なさりました。けしからん御寒い事《こつ》でございます。」（初・上）とあります。「お」は、当然、丁寧語です。その「お寒い」が貧弱で心細い状況をいう表現にも転用されます。「経済大国にしては、お寒い研究施設だ。」などとなっています。

高慢な態度を指して、「お高い物言いをする女だ。」などといいます。本来は気品が高いという、その「高い」だったのでしょうが、「お高い」となると、嫌悪感が潜んでいることになるでしょう。この「お」は、当初は尊敬だったかもしれませんが、憎しみの籠もった「お」ということになりそうです。「お高くとまる」という慣用句も出来ています。

江戸時代、旅人《たびびと》を迎える旅籠《はたご》の女中の挨拶は、「お早いお着きで。」だったように思いますが、これも、『日本国語大辞典第二版』に立項がありません。「お早い」で、切り離せなくなっているようです。その旅人のお着きを指して「お早い」というのですから、この「お」は尊敬語です。それが、早朝の挨拶表現、「お早《はよ》うございます。」となると、その「お」は丁寧語ということになります。

『富来話有智《ふうらいばなしあるとも》』というのでしょうか、その咄本《はなしぼん》に「御無心ながら少しの内はしごをかして下さりませといふて《ママ》くる。亭主聞て、ヲヲお安い御用でござる。こっちへ来てあがらっしゃいといやれ。」（吝《しわ》い客）とあるのを『日本国語大辞典第二版』が引いていますが、見出し漢字まで【御安】とするのは、どうでしょうか。「お易《やす》い」であってほしいと思います。これは、言い付けられた者がそう言って仕事を引き受けるわけですから、その「お」は、謙譲語ということになります。

アプローチ**41**でも**43**でも触れてきた「お呼びでない」を、形容詞と認めてしまうとしたら、その、「お」は尊敬語ということになりましょう。以上、徐々に敬語の接頭語「お」が切り離せなくなって、それで一単語の形容詞になろうとしている用例を拾い上げてみました。

アプローチ 73 優れていて賞賛に値すると褒《ほ》めていう形容詞——「偉《えら》い」と「素晴《すば》らしい」とは、どこで類義語となるのか

江戸時代から用例が存在し、当初は程度が甚だしい意を表していて望ましくない情況までいっていながら、その後、普通より優れていて賞賛の褒め言葉となって現在に至っている形容詞として「えらい」と「すばらしい」とが存在します。現代語の意味としては、この二単語は、そのように似通いを見せますが、相互に関係する点はまったく認められません。また、この二単語は、その出自がまったく見えてきません。したがって、語源もこれといって特定できません。分からないことの多い二単語です。

「えらい」は、現在も用いる「えらい目」のようなひどい場面との出会いをいう用例を見せます。浄瑠璃の『百合稚高麗軍記《ゆりわかこうらいぐんき》』に、「たった今ゑらい《ママ》め見ても、まだあまい事吐き出しをる。」（三）とあります。さらに、意外さを表したり、苦痛が激しく耐えがたい気持ちをいったりもしています。今でも、方言に残っていて、痛んでいる意でも用いています。そのような推移を見せて、江戸時代末から明治にかけて、褒め言葉に変わります。

一つは社会的な地位や身分が高いことを、そういうようになりました。尾崎紅葉の『多情多恨』には「甚麼《どんな》に可重《えらい》人か知らぬけれど、」（前・一二）とあって、「可重」という漢字表記でしたが、概して多くは仮名書きでした。明治中期ごろからは、「偉」字を当てるのが一般化したようです。いま一つの意味も、行動や識見が優れていて立派だという、まさに褒め言葉そのものです。

「すばらしい」も、望ましくないことが並々《なみなみ》でない様子をいうところから始まります。談義本の『当《とう》

世穴噺《せいあなばなし》』に「浪々の身となり、かかるすばらしき店に面《おもて》をさらすは、」（二・古道具相論）とありますが、この「すばらしき」は上の「浪々の身となり、」からも、ひどい店に出ていることになります。歌舞伎の『与《よ》話《わ》情《なさけ》浮名横櫛《うきなのよこぐし》』にも「此女故にやあすばらしい苦労して、」とあって、ひどい苦労をいっています。どうも、江戸語ということになるようです。

それが、どういう事情によるのでしょうか、感心させられるようなことを評価していう形容詞となるのです。シク活用系形容詞ですが、客観的な評価の表現としても用いられています。「すばらしい成績」などです。そして当然ですが、主観的な驚嘆の表現として「わあっ、すばらしい。」と叫んだりするでしょう。その客観的表現の「すばらしい」は立派だに相当し、その主観的表現の「すばらしい」は素敵だに相当しましょうか。

昭和十一年に刊行された平凡社の『大辞典』は「スバラシ」の語釈に「甚だ盛んなり。いかめし。立派なり。」とし、その次に「スバラシイ」を立項し、方言として、㊀「ぬけ目がない」㊁「すばらしい」としています。この「スバラシイ」が同一語なのかどうか気になります。『日本国語大辞典第二版』は、そのスバラシイを同一語として扱っています。

「素晴らしい」という漢字表記、どういう背景があって、「素」や「晴」が当てられたのでしょうか。その後、漢字表記が定着した形容動詞「素敵だ」は、「素晴らしい」の「素」に「的」が付いて成立したものと見られています。「素」字の漢音はソです。スは呉音です。そのスを「すばやい」や「すばらしい」の「す」に当てたことになります。その「す」は、名詞としても接頭語としても存在しています。「素の顔」の「素」は名詞です。「素早い」の「素」は接頭語です。「素晴らしい」の「素」は何なのでしょうか。

アプローチ

74 名詞を重ねて印象を表現する畳語形容詞——「神々《こうごう》しい」「事々《ことごと》しい」「物々《ものもの》しい」など

名詞を重ねて印象を表現することになった畳語形容詞で、現代語として用いられているものが十数単語数えられます。「神々《こうごう》しい」「事々《ことごと》しい」「物々《ものもの》しい」などです。「かいがいしい」「よそよそしい」などです。そのうちの五単語は、『枕草子』や『源氏物語』に用いられていて、その成立の古さに意外さを感じます。一方、新しい成立のものもあって、造語法としての寿命の長さも感じます。

平安時代に用いられた「神々《かうがう》し」「角々《かどかど》し」「甲斐々々《かひがひ》し」「事々《ことごと》し」「物々《ものもの》し」はいずれも抽象概念名詞を重ねたもので、結果として表現される印象も抽象度の高いものであることに驚かされます。アプローチ**65**に引いた『古今和歌集』の遍照《へんじょう》歌は、別伝に「秋の野になまめき立てる女郎花《をみなへし》あなことごとし花も一時《ひととき》」(一〇一六)ともあります。どんなことも、「かしかまし」であろうと何であろうと、この「ことごとし」で表現できてしまうのです。『枕草子』の「裳《も》・唐衣《からぎぬ》など、ことごとしく装束《さうぞ》きたるもあり。」(一一六)などは、具体的な描写であってもいいでしょうのに、大袈裟に正装している、といっています。

「神《かみ》」がウ音便化した「神々《かうがう》し」は、やはり神社の雰囲気を表現しています。『源氏物語』の「黒木《くろき》の鳥居《とりゐ》どもは、さすがに神々《かうがう》しう見わたされて、」(賢木《さかき》)は、源氏が御息所を野宮《ののみや》に訪れたところで、その野宮神社の神聖な雰囲気をこの形容詞で表現しています。万葉仮名の「甲斐《かひ》」が定着していて、しかも、意味するところも、効果という抽象的な概念ですので、「かひがひし」も、この一群と見たくなりました。突き出た部分をいう「角《かど》」も、幾何学の認識で、抽象の世界です。何らかの形をそなえている対象は、すべて「物《もの》」です。日本語では、それが無概念化すると、形式名詞「もの」になります。それほどに抽象的な「物」です。そういう名詞から、この一群の形容詞は成立しました。平安時代末に成立した「余所余所《よそよそ》し」も、この仲間でしょう。

「空々《そらぞら》し」「華々《はなばな》し」は、鎌倉時代からの用例を見せます。ただ、知らないふりをしている「空々《そらぞら》しい」は、江戸時代になってからです。一字漢語ということになる「福」を重ねた「福々《ふくぶく》しい」、その古典語「福々し」も、鎌倉時代には存在していました。『塵袋《ちりぶくろ》』という辞書に「得々しと云ふはふくふくしと同事歟《か》。」（一〇）とあるところからは、「得々《とくとく》し」という形容詞もあったことになります。「福々しい」と同じような意味と見てよいようですが、現代語には残っていません。「毒々《どくどく》しい」は、江戸時代の用例からですが、やはり、一字漢語を重ねたものです。

「刺々《とげとげ》しい」と「瑞々《みずみず》しい」とは、明治になってからの用例をしか見ることができません。「刺々しい」には、刺立《とげだ》っている様子をいうものと口調や目つきをいうものとがあります。初出は樋口一葉の『別れ霜』に見るのですが、険を含んだ態度をいっています。ですから、それ以前に、刺立つ様子をいう用例が当然あったろうと思えてきます。「瑞々しい」は、『改正増補和英語林集成』の「Mizumizushi ミヅミヅシ」が初出となっています。『古事記』の歌謡九九に「瑞玉盃《みづたまつき》」という杯が詠まれています。そもそも日本の国は、『古事記』にも『日本書紀』にも、『万葉集』にも、何よりも『延喜式祝詞《えんぎしきのりと》』にも、「瑞穂の国」といわれています。その「瑞玉」や「瑞穂」は、瑞々しい玉とか瑞々しい稲穂《いなほ》とか、説明されます。その「瑞々しい」という形容詞がないころは、どう説明していたのでしょうか。幸田露伴の『いさなとり』の「まだ三十年四十年も生きそうな水々とした顔付して、」（二三）の「水々とした」のような表現から、「瑞々しい」誕生の背景が見えてきましょうか。とにかく、「瑞々しい」の初出の遅さに驚いています。

アプローチ
75 動詞・形容動詞の一部を重ねた畳語形容詞――「くだくだしい」「たどたどしい」／「派手々々しい」など

動詞「忌《い》む」が直ちに見えてくる形容詞「忌ま忌ましい」ですが、畳語形容詞に未然形からというのは、極めて限られますので、そう見ることにちょっと躊躇《ためら》いもあります。初出は『源氏物語』で、不吉なので遠慮しなければならない意です。現代語としての、癪《しゃく》に障《さわ》る意までに七転しています。

「くだくだしい」は名詞「管《くだ》」を考えてしまいがちですが、細《こま》かすぎて嫌な感じは、下二段活用動詞「砕《くだ》く」の「くだ」と見たほうがよいようです。『日本書紀』の訓にも採用されていますし、『源氏物語』にも「くだくだしき事のみ多かり。」（夕顔）とあって、唐臼《からうす》の音が枕元から聞こえてくる夕顔の宿の雑多な煩わしさを述べています。「たどたどしい」も、「辿《たど》る」という動詞の「たど」を重ねたものと見られています。「尋《たづ》ぬ」の「たづ」と見る考えもあります。『枕草子』にも『源氏物語』にも、学問・技芸が未熟なために進行が捗《はかど》らない様子など、幾つもの意味で用いられています。「馴《な》れなれしい」は、はっきり下二段活用動詞「馴る」の連用形からできています。これも、平安時代の『宇津保物語』『源氏物語』『狭衣物語』が用いています。現代語でも意味は同じです。

「恭《うやうや》しい」は、『続日本紀《しょくにほんぎ》』の宣命《せんみょう》にも「宇夜宇夜自久《うやうやしく》」（天平宝字六年）とあって、相手を敬って丁重に振る舞う態度をいっています。現代でもそうです。名詞「礼《うや》」とも見られますが、動詞「敬《うやま》ふ」も多くの用例を見せます。アプローチ**74**で取り上げた「甲斐々々《かいがい》しい」も、そこでは名詞「効《かひ》」の畳語と見ましたが、複合動詞、「来合ふ」が約音化した「かふ」の連用形が畳語化したものと見る説などもありました。「捗々しい《はかばか》」も、そうです。「計《はか》」とも「量《はか》」とも漢字表記される「はか」と考えられもしますが、「捗る《はかど》」のほうが強く結びつくようで、現行の漢字表記からも、そう思えてきます。幾つかの転義を見せますが、初出用例やそれに続く用例は、現代語と同じ意味で、物事が順調に進行していく情況を表現するのに用いています。

ク活用系形容詞語幹を繰り返したものが畳語形容詞の発生だろうと思っています。アプローチ11で述べてきています。この形容詞語幹型畳語形容詞の成立を受けて、名詞からも動詞からも生産され、さらには、形容動詞からも、その試みが見られるのです。

「映《は》え手《て》」が「派手だ」の語源かと思いますが、江戸時代からの形容動詞です。それを受けて大正期から昭和にかけて、長与善郎の『竹沢先生と云ふ人』に「派手々しい藤井の妹は、」（竹沢先生東京を去る・四）を見るなど、現れてきます。『日本国語大辞典第二版』は、さらに、高田保の『銀座雑記帳』や林京子の『祭りの場』から用例を引いてくれていますが、立項しない国語辞典も多いでしょう。

「馬鹿々しい《ばかばか》」も、名詞「馬鹿」からともいえましょうが、形容動詞「馬鹿だ」の力が大きいように感じます。江戸時代末から用例をみます。長く、落語家が言う「馬鹿ばかしいお笑いで、」のような意味だけかと思っていましたが、近年は、「馬鹿ばかしい仕事をさせられた。」など、利益のあがらないとか、無駄なとかいう意の用例に出会っているように思えます。辞典で、取り上げているものがありましょうか。

「賑々しい《にぎにぎ》」は、室町時代末の『塵芥《ちりあくた》』という辞書に「伽　ニキニキシ」とあります。既に「賑はふ」という動詞も「賑はし」という形容詞も存在していました。形容動詞「賑やかなり」も成立していました。そういうなか、また「賑々し」が求められもしたのでした。

アプローチ 76

出自や由来などが特定できない畳語形容詞――

「仰々《ぎょうぎょう》しい」「清々《すがすが》しい」「生々《なまなま》しい」「ふてぶてしい」「白々《しらじら》しい」など

既に、これまでに取り上げてきた畳語形容詞にも、その出自や由来などについて特定できないものがあったと思います。それほどに成立の過程も多いということでしょう。

古典語として、『源氏物語』に「ごほごほと鳴神《なるかみ》よりもおどろおどろしく、踏みとどろかす唐臼《からうす》の音も枕上《まくらがみ》とおぼゆる、あら耳かしかましと、これにぞ思《おぼ》さるる。」（夕顔）とあって、恐ろしい感じをいう際に用いられています。動詞「驚く」も、当代存在していたシク活用形容詞「驚かし」も、さらには、他動詞「驚かす」やその名詞形「驚かし」も、その成立に関係しうる立場にあったと見ることができるでしょう。現代人が不気味な情況をいう「おどろおどろしい」は、古典講読から仕入れているのでしょうか。

「仰々《ぎょうぎょう》しい」は、室町時代、「ぎょうぎょうし」とする『壒嚢鈔《あいのうしょう》』と「げうげうし」と見る元亀本《げんきぼん》『運《うん》歩色葉集《ぽいろはしゅう》』や天正本『節用集』とがありますが、「ぎゃう」となる「仰」がよいかと見られています。「仰山だ」の「仰」です。その仰山だの意で、その室町時代から用いられています。「仰」字の「ぎゃう」という開音が合音「ぎょう」となったところから、その合音の「業」字が当てられたこともありましたが、いまは否定されています。その「仰」字の大袈裟《おおげさ》だの意は、日本においてだけのものです。

「清々《すがすが》しい」の古典語「清々し」は、『古事記』に「雨に須賀《すが》の地に到り坐《ま》して詔《の》りたまひしく、「吾《われ》此《こ》の地に来て、我《わ》が御心《みこころ》須賀須賀斯《すがすがし》。」とのりたまひて其《そ》の地に宮を作りて坐《ま》しき。」（上）とあって、須賀の地名からこの形容詞の起源を説いていいます。快感は理解できますが、その意味の詳細は見えてきません。『大言海』はススガン（濯）のスガを重ねたといっていますが、そのススガンというのが分かりません。何を濯ごうというのでしょうか。

「生々《なまなま》しい」の古典語「生々し」という平安時代の用例は、『大和物語』の「君を思ひなまなまし手を焼く時は煙《けむり》多かるものにぞありける」（六〇）という和歌に見る用例だけで、終止形を連体修飾語にしています。五条《ごじょう》の御《ご》が自分の姿を絵に描いて、手を描き加えて書き添えたものです。「生々《なまなま》なり」という形容動詞はありましたが、意味は未熟だなどでした。「なまなましい」は『日葡辞書』にも見られ、現代の「生々しい」の用例とも同じ、生身《なまみ》である意で用いられています。「生《なま》」という語素も接頭語も名詞もあります。そして、副詞「生々《なまなま》と」もあります。どのような成立か、特定できていないようです。

「ふてぶてしい」は、江戸時代からの用例をしか見ません。「不貞腐《ふてくさ》れる」などと宛《あ》て字《じ》する動詞と、自然結びつくように感じますが、何か共通性が感じられてきましょうか。その連用形からの名詞「ふてくされ」や不完全形容動詞連体形「ふてくされな」という用例が確認されています。それらと結びつけてみても、残念ながら、それ以上進みません。そもそも、その「ふて」はどこから来ているのでしょうか。

「白々《しらじら》しい」は古典語の用例からは、その漢字表記する理由も十分に納得できます。平安時代の『和漢朗詠集』に「しらしらしらけたるとし月光に雪かきわけて梅の花をる」（下・白）とあって、白く見えることをいっていることが明らかな用例でした。鎌倉時代の観智院本《かんちいんぼん》『名義抄《みょうぎしょう》』の「皙　アキラカナリ　テラス　シラシラシ」とあって、これも、よく理解できます。その後、明白である意を経て、興ざめに感じられる意に転じて、室町時代末から知っていながら知らないふりをする様子をいうようになります。「知らじ」などを感じ取らせての転義だったのでしょうか。併せてこの機会に、「白《しら》を切る」も、どうして生まれた表現か、知りたいと願っています。

アプローチ 77

語幹を同じくする形容動詞でもある形容詞——「暖かだ」と「暖かい」と／「欲深だ」と「欲深い」と

「暖《あたた》かい」という形容詞の語幹「あたたか」は、「暖かだ」という形容動詞の語幹でもあります。そのように、同じ語幹に続く語尾が「い」と「だ」とに別れるものとして「細《こま》かい」「細かだ」と「柔《やわ》らかい」と「柔らかだ」とがあります。この三組とは、ちょっと違いますが、「おろか」という語幹を同じくして、形容詞とも形容動詞ともなるものとして、シク活用系形容詞「愚かしい」と形容動詞「愚かだ」とが存在します。形容詞と形容動詞とには、このように語幹を同じくして、活用を違えて存在するものが見られるのです。

この問題については、アプローチ**53**において取り上げた名詞から生み出された形容詞の「黄色い」「四角い」とも関係します。それら「黄色い」「四角い」は、形容動詞として「黄色だ」「四角だ」ともなっていたからです。連体形にすると、「黄色な」「四角な」となって、その違いがよく見えてくるでしょう。

さて、「暖かい」と「暖かだ」とで、どちらが古いのでしょうか。「暖かだ」の前身は「暖かなり」で、ナリ活用形容動詞として平安時代には存在していました。当時の形容詞形として「暖けし」が見られましたが、限られた用例を見せただけです。現代語の「暖かい」は、江戸時代になってから見られるようになったものです。「暖かなり」が先で、「暖かい」が後ということになります。

「黄色」の活用語化は、どちらから始まったのでしょうか。「黄色なり」という言い切りの終止形はもちろん、連体形も「黄色の」などのような、未発達形を見せていましたが、平安時代に形容動詞と判断できる用例を見せます。形容詞として「黄色い」を見せるのは、明治からといってよいでしょう。アプローチ**53**に、既に用例も紹介してあります。これも、形容動詞が先で、形容詞が後ということになります。

現代語にあっては、名詞「手」と熟合した複合語に、その形容詞と形容動詞との両語形を見せるものがあります。「手荒い」と「手荒だ」、「手薄い」と「手薄だ」です。名詞「身」と熟合した「身軽い」と「身軽だ」も、そうでした。名詞「欲」を融合した「欲深い」と「欲深だ」も、まだ、ありました。漢語の「意地」と熟合した「意地悪い」と「意地悪だ」も、その一組でした。

接頭語「真」を冠した「真っ黒」は、「真っ黒い」とも「真っ黒だ」ともなるでしょう。続く音がm音なので撥音《はつおん》を挟むことになる「真ん丸い」も「真ん丸だ」も、そういう一組です。

「大きい」の対義語「小さい」は、奈良時代から存在する形容詞で、古典語形は「小さし《ちひさし》」です。ところが、「大きい」は、古典語形容動詞「大きなり《おほきなり》」が室町時代に形容詞化したものです。そこで、現代語としては対義語関係にある「大きい」と「小さい」とは、大まかにいっても、室町時代以降ということになります。そういうこともあって、形容詞「小さい」の一方に、形容動詞「小さだ」への動きもあったのでしょうが、完成はしていません。いま、「小さな」という連体詞が存在する理由はそこにあります。

「気重だ」という形容動詞はあっても、「気重い」という形容詞は存在しません。形容詞として表現するとなると、「気が重い」ということになるでしょう。「気短だ」という形容動詞はあっても、「気短い」という形容詞は存在しません。「気が短い」では、単語ではありません。現代語としては、そこまでということになります。今後、どうなっていくのでしょうか。

アプローチ **78**

語末が「ない」で、上部の意味が見えない形容詞――「呆気《あっけ》ない」「あどけない」「いとけない」「えげつない」「ぎこちない」など

語末が「ない」となる形容詞の、その「ない」に四種類あることは、アプローチ41で見てきたところです。ただ、その上部については意味の見えてこないものがあります。以下に、それらを取り立て、適宜、解説していきます。

結果が期待外れだったりすると、「呆気《あっけ》ない」といいます。江戸時代語です。その「呆気」は呆《あき》れた気持ちをいっているようにも思えますが、それは、そこに「呆」字を宛《あ》てたからで、「あっけ」は「飽く気」の促音化とも、ああという間とも見られて、不明です。その宛て字を受けて、「呆気に取られる」という、誤解から生まれた慣用句まであります。この「ない」は、アプローチ45の甚だしい意の接尾語です。

無邪気な振る舞いをいう、「あどけない」の「あどけ」は、『大言海』が「他気《あだけ》」とし、さらに、「あど」については「跡処《あとど》」とも解せるとしています。後説は、別説ということでもありましょうので、前説に従うと、他者への配慮がないことで、無邪気さをいうようにでもなったのでしょうか。そう見たとき、この「ない」は「無い」となります。これも、江戸時代語です。

「いとけない」は、「幼《いと》けない」とも「稚《いと》けない」とも漢字表記されます。平安時代の古典語形容詞の、乳幼児に向けていう「いときなし」と精神面の幼さをいう「いはけなし」とに対して、広く幼少の者をいう当代語に「いとけなし」がありました。その「いとけなし」の現代語形が、この「いとけない」です。その「いとけ」は、幼く可愛《かわい》い意を担ってはいますが、どうして、そういう意味になるのかについ

ては、説明できません。『日本国語大辞典第二版』には、九説が紹介されています。

　表現や行為が露骨だったり、思いやりなく残酷だったりする振る舞いなどをいう「えげつ」も、語源不明です。あくが強い味覚を表現する「えぐい」については、アプローチ**19**と**51**とで触れてきていますが、その「えぐい」と関係あろうかといわれています。とにかく、その「えげつ」部分が露骨さや残酷さを担っていることになりますが、どうしてそういう意味を担っているのかは、分かりません。この「ない」も、「甚」字が当たる接尾語です。

　物事の進め方が不自然だったりすると、「ぎこちない」といわれます。「ぎごちない」という人たちもいます。その「ぎこち」「ぎごち」は、もと「ぎこつ」でした。江戸時代は、「ぎこつない」で、明治になってから「ぎこちない」だ、と見てよいでしょう。『日葡辞書』に「gigotnai（ギゴツナイ）モノイイヂヤ（訳）あの人は粗野で無作法な話し方をする。」と関連あるとしたら、入声音《にっしょうおん》表記（t）があるところから、漢語が考えられてきます。その他、幾つかの手掛かりを追究していますが、分かりません。

　長く不明とされていた、語末の「ない」の上が見えてきたものもあります。愛想がないことを「すげない」といいます。平安時代の和文に多い「すげなし」の現代語形で、この「すげ」は「素気《すげ》」でした。「素気」は、「素肌《すはだ》」「素手《すで》」の「素《す》」という名詞に様子を意味する「気《け》」という、これも名詞が付いたものと見えてきます。その「素気《すけ》」の「気《け》」が濁音化して「素気《すげ》」となったものです。そういうわけで、この「ない」も甚だしい意です。「素気無い」と書くことは許されません。その「素気《すげ》」を、江戸時代になってから「素《す》」を「素《そ》」と誤読して、現代語の「素気《そっけ》ない」となっています。「素気《すげ》」も「素気《そっけ》」も、その意味がはっきり確認できました。ただし、「素気《そっけ》」は誤読の結果生まれた読みです。

アプローチ 79

二字漢語で始まり、意味の理解しにくい形容詞――「胡散《うさん》くさい」「頑是《がんぜ》ない」「如才《じょさい》ない」など

形容詞は、和語の率の高い品詞です。それでも、近年は、ここで取り上げるように二字漢語で始まるものや、一字漢語を含むものやカタカナ外来語を含むものまで現れるようになってきています。以下、理解しにくい二字漢語から始まる形容詞を取り上げてみます。

疑わしく思えて気が許せない情況が感じ取れることを「胡散《うさん》くさい」といいます。江戸中期から「胡散」とも「烏散」とも書かれ、その後、意味の近い「胡乱《うろん》」の「胡」に定着したものと見られています。「胡」を不審の意の「うろん」が「う」と読まれるのは宋音で、禅僧などが使い始めたかとも見られています。そういうわけで、「胡散」の本来の意味は分かっていません。接尾語「くさい」を付けて強めたものです。

幼くて是非の分からない様子を「頑是《がんぜ》ない」といいます。「頑是」の「頑」は「かたくな」ということです。強情なことです。「頑是」の「是」はこれという意味のほかに正しいとかよいとか判断して認める意味をもっています。「頑」が認めないこと、「是」が認めることで、「頑是」で、物事の是非の区別を意味します。中国伝来の漢語でもなく、また、用例も江戸時代に限られていますので、江戸時代の日本製漢語でしょうか。この「ない」は「無い」で、分別がない意となります。

退屈なことを「所在《しょざい》ない」といいます。「所在」は人や物事が存在していることでしょうので、それに付く「ない」は「無い」でしょう。場所がないことがどうして退屈である意になるのか、そこが見えてきません。何もすることがないあまり、身の置き場所がないと感じたりしたことにでもなるのでしょ

うか。明治になってからの用例しか見られません。

　愛想がよく、人をそらさない振る舞いを「如才《じょさい》ない」といいます。この「如才」は、古代中国のあの『論語』から来ています。「祭《ルニハ》 如レ《クス》在《いまスガ》。祭レ《ルニハ》 神《ヲ》如二《クス》神在一《スガ》。」（八佾《はちいつ》）とあって、先祖の法事は先祖がそこにいるかのように行い、神を祭るには神がそこにいるかのように行うということで、本来慎《つつし》み畏《かしこ》むことをいう「如在」でした。それが、日本ではどういうわけか、打消表現を伴って表現されるようになり、「如才」は手落ちを意味するようになってしまいました。室町時代末から現代語とほぼ同じといってよい「如才ない」になって、「如才」だけの用例は、現代語にはもはや存在しません。

　気が滅入《めい》ってやりきれない時、「辛気《しんき》くさい」というでしょう。江戸時代から見られます。その「辛気」は「心気」とも表記され、鎌倉時代の漢文体日記に見られたりしますが、単に気持ちをいう中国伝来の「心気」ではなく、気が重くなることをいう日本製漢語として造語されたもののようです。その後、「辛気」に定着しました。

　仕事について、手間がかからなそうに思えた時、「造作《ぞうさ》もない」といいます。「作」を呉音サで読んでいるところからも、「造作」は仏教語です。意識としてつくりだすことです。それが、手間のかかる仕事をいうようになったのです。つい先頃《さきごろ》まで、ご馳走の意で、「ご造作にあずかりました。」といったりしていましたが、それも近年は聞かなくなりました。「造作もない」の「ない」は、もちろん「無い」です。

　仏教特有の雰囲気をいう「抹香《まっこう》くさい」の「抹香」が、焼香の香であることは、説明の必要もないでしょう。シキミの葉や皮を粉末にしてつくった香です。「抹」は粉を意味します。「抹茶《まっちゃ》」の「抹」でもあります。「抹香鯨《まっこうくじら》」という、あの巨大鯨の名まえにも用いられていますが、これは、その鯨の色が褐色で似通っていたからです。「抹香くさい」に色は関係しません。関係するのは、場の雰囲気です。

アプローチ 80

ク活用系からシク活用系になった形容詞——「待ち遠い」から「待ち遠しい」へ

「待つ」という動詞の連用形にク活用形容詞「遠し」の語幹が複合し、「なり」が付いて、「待ち遠なり」という古典語形容動詞が誕生しました。『貫之集』の「立ちぬとは春を聞けども山里は待ち遠にこそ花は咲きけれ」（二）が、その初出です。待っていても、なかなかその時がやってこないことをいっています。平安時代から江戸時代末まで、人によっては明治の初めごろまで用いていたと見られます。その明治の用例は、泉鏡花の『高野聖《こうやひじり》』の「夜の白むのが待遠《まちどお》でならぬ。」（二三）でした。古典語「待ち遠なり」は、徐々に近代語へと変化して、「待ち遠だ」となっていました。

同じ気持ちを表すのに、その「待つ」の連用形「待ち」の下に形容詞「遠し」を付けた「待ち遠し」だけでも、つまり、複合形容詞「待ち遠し」でも表すことができました。この「待ち遠し」は、当然、ク活用形容詞です。本来、「遠し」という形容詞は、ク活用形容詞だからです。室町時代中期の文明本『節用集』という辞書に「待遠　マチドヲシ」とありました。それが、江戸時代に入ろうとするころの『日葡辞書』には、「Machidouoi　マチドヲイ（訳）長い間人を待つこと。」として登録されていました。洒落本の『契情買猫之巻』に「やりてへ《ママ》事はねへ《ママ》が思ひ思はれる中じゃアてへてへまちどを《ママ》ひ物じゃアねへ。」（中の定詞）とありました。明治になってからも、徳冨蘆花《とくとみろか》の『思出の記』に見られます。

「待ち遠い」という名詞化の用例も、「待ち遠がる」という動詞化の用例も、ともに残しています。「待ち遠い」を用いている人たちは、おのずから「待ち遠さ」「待ち遠がる」と言うことになったでしょう。

続いて紹介するように、ほぼ同じ時代に、「待ち遠しい」と言う人たちもいたのです。

いくら待っていても、なかなかその時やその事態に到達しなければ、やりきれない思いになります。その思いが、そのク活用系形容詞「待ち遠い」を心情形容詞のシク活用系へと所属も変えさせてしまいました。「待ち遠しい」の登場です。咄本《はなしぼん》の『近目貫』に、「露孝、あまりまちどふ《ママ》しく、戸張よりそっとのぞき見れば、」（ゑんまの恋）とありました。明治になってからは、二葉亭四迷の『浮雲』も夏目漱石の『坊っちゃん』も志賀直哉の『母の死と新しい母』も、みな、この「待ち遠しい」を用いるようになっていました。永井荷風の『濹《ぼく》東《とう》綺《き》譚《だん》』には、「わたくしは返事をせず、静かに風呂敷の結目を直して立上ると、それさえ待どしいと云わぬばかり。」（二）も見られました。

当然、その「待ち遠しい」を使う人たちは、「待ち遠しさ」「待ち遠しがる」と言ったり書いたりするようになります。『坊っちゃん』において「待ち遠しい」を使っていた漱石は、『思い出す事など』においても、「殊更に金を待ち遠しがらせる如く」（二九）と書いています。用例は検出されていませんが、接尾語「げ」を付けた「待ち遠しげだ」という形容動詞にもなっています。現在、用いている方もいらっしゃいましょう。

シク活用形容詞が心情形容詞であることについては、これまでに多くの用例から十分に感じ取れていることと思います。属性形容詞としてク活用形容詞として用いられてきていて、今後もク活用系形容詞として用いられていくに違いない「遠い」という形容詞ですが、「待ち遠い」が意味のうえで心情形容詞化していたところから、形態としても、心情形容詞の多いシク活用系形容詞へと所属を変えさせて、「待ち遠しい」としてしまっていたのです。意味が語形を変えさせた、といっていいでしょう。

アプローチ 81

「かぐはし」の意味と語形とが変化した形容詞――「かんばしい」と「こうばしい」と

奈良時代の形容詞「かぐはし」は、「馨《かぐは》し」と漢字表記したいと思います。「香細《かくは》し」から成っていて、香《か》が優れている意です。その「細し」も「美《くは》し」と書きたいくらいで、「うら美《くは》し」「目美《まぐは》し」という、心にとっての美しさや目にとっての美しさをいう形容詞の仲間です。『古事記』歌謡の「蒜摘《ひるつ》みに我が行く道の迦具波斯《かぐはし》花橘は上《ほ》つ枝《え》は鳥居枯《とりゐが》らし」（四三）は、蒜を摘みに行く道にある、香りがすばらしい花橘は、鳥がとまって枯らし、といっているところです。『万葉集』にも、「香細寸《かぐはしき》花橘を玉に貫《ぬ》き送らむ妹はみつれてもあるか」（10一九六七）とあって、花橘の修飾語にして、送ってやるあの娘《こ》はやつれていないか、と詠んでいます。

その「馨し」は、平安時代に入ると、急に「かぐはし」の用例が減って、その変化した「かうばし」の時代となっていきます。『枕草子』には、「心ときめきするもの（略）頭《かしら》洗ひ化粧《けさう》じて、香《かう》ばしうしみたる衣《きぬ》など着たる。」（二七）とあります。香《こう》がよく染《し》みている着物を着ている人には胸がどきどきする、というのです。『源氏物語』も、「かうばし」しか用いていません。平安朝の女流作家たちに、その「かぐはし」の何がそんなに嫌われたのでしょうか。あるいは、その「かうばし」が、「香ばし」と漢字表記されてもきているように、その「香」の魅力があったかもにも思いたくなります。「かぐはし」のウ音便化である「かうばし」が、香《こう》の香《か》をいう「香ばし」に共同幻想されていなかったか、ということです。

「かんばし」もまた、「かぐはし」が変化した結果として現れた語形です。「かぐはし」の「ぐ」が直ちに撥音《はつおん》に転じたのか、「かうばし」を経て、その「う」を撥音へと変化させたのかなども、不明です。ただ、『日葡辞書』に「Canbaxij（カンバシイ）（訳）かおりが高い（もの）」とあって、その本来的な意味は、江戸時代の初めぐらいまで残っていました。ところが、評判がよいなどの語義をあえて設けた、その転義用例の初出が、補助形容詞「ない」による打消表現を伴う内田魯庵《ろあん》の『社会百面相』の「どの道露鉄《つゆてつ》のような（略）奴が出入りするは余り香しくないワ。」（電影・三）とは、残念至極です。

「こうばしい」の漢字表記「香ばしい」ですが、誤解であったとしても、『枕草子』のころの香合わせなどがあった時代なら、それも許されましょう。現代語の「こうばしい」は、焦げたような匂いについて、茶の葉から焼《や》き魚《ざかな》などまでいうようになってきています。さらに、その焼き魚の味についてまでいうようになってきています。「香ばしい」と表記することに躊躇《ためら》いを覚えます。「焦《こう》ばしい」と書きたいくらいです。

「かんばしい」については、漢字表記「芳《かんば》しい」が定着しています。草冠《くさかんむり》の「芳」字が教えてくれるように、その究極の意味は、草花の香りがよい意です。しかし、現代の日本人は「かんばしい」を評判がよい意から、さらに好ましいとか望ましいとかいう意味にまで発展させて、その漢字「芳」字の意味までそのように変えてしまっています。それも、打消表現を前提にした好ましい、望ましい意です。したがって、究極の意図は、不振や停滞であり、否定や拒絶であるわけです。そのネガティブな姿勢を表現するために、補助形容詞「ない」で否定されることを前提に利用されている言葉のようにも見えてきます。

いま、この「芳しい」については、「芳しくない」で、どんな用法を見せてどんな働きをしているかなどの整理が必要であろうと思っています。そう意識してから何年になりましょうか。新聞を見ても週刊誌を見ても、「売り上げが芳しくない。」「成績が芳しくない。」ばかりで、「芳しい」で言い切られる用例に出会えていません。

アプローチ 82

語頭二音節部分の理解が難しい形容詞――

「甲高《かんだか》い」「切《せつ》ない」「埒《らち》もない」「碌《ろく》でもない」「きめ細かい」「しがない」「そつがない」など

その一単語の意味については、漠然《ばくぜん》と理解できていても、その単語を構成しているある部分については、まったくどういうことか、理解できていないことがあります。形容詞には、そういうことが多いように思います。高く鋭い声の調子を「甲高《かんだか》い」といいますが、その「甲《かん》」とは何でしょうか。室町時代ごろからの邦楽用語で、高音と低音とを甲と乙とに分けた、その、「甲《かん》」です。字音「甲《かふ》」が続く音との関係で「甲《かん》」になったとも、唐音を採用した結果ともいわれていて、その点は不明です。「疳高い」とも漢字表記しますが、その「疳」は気短ですぐ怒る性格を意味します。

悲しみなどで胸を締めつけられるような気持ちを「切《せつ》ない」といいます。室町時代の当初は、親切だとか大切に思うとかいう意味でした。江戸時代から現代語と同じ意味になっています。新たに誕生したというよりは、「切《せち》なり」という形容動詞が「切《せつ》なり」となり、それが形容詞化したように思えます。「切《せち》なり」は、『宇津保物語』にも『源氏物語』にも、その他の和文にも多くの用例を見ます。「切」字が既に有していた思い迫る意を受けとめた一字漢語形容動詞が形容詞化したものと思っています。「ない」は、「甚」という漢字を当てたりする、あの接尾語です。

筋道《すじみち》だっていないことを「埒《らち》もない」という形容詞ともされる慣用句で表現することがあります。「埒」は馬場の周囲の柵《さく》のことで、それが物事の湾曲《わんきょく》をいう意味となっています。「ない」は、非存在を表し、「無い」と漢字表記する形容詞です。

何の値打ちもないことを「碌《ろく》でもない」といいます。「碌」は石がごろごろする様子を意味していて、実は宛《あ》て字《じ》です。本来は、「陸」字の呉音「陸《ろく》」で、平坦なことをいおうとしたものでした。それが、どういう事情あってか、真逆《まぎゃく》の「碌《ろく》」字で書かれてしまったようです。

表面に凹凸《おうとつ》がなく、密度が濃い感じを「きめ細《こま》かい」といいます。その「きめ」は「木目」で、その漢字のとおり木目《もくめ》のことです。人間の皮膚についてもいうからでしょうか、「肌理《きめ》」とも漢字表記されます。江戸時代は形容動詞型活用語「きめ細かだ」でしたが、昭和になってからの形容詞化です。

地位や生活なりが取るに足りないと感じられた時、「しがない」といいますが、「しが」とは、何でしょうか。古典語「性《さが》なし」が変化したものと見られています。その「さが」は「相」「性」「祥」の漢字音の古音サガが和語のように感じられてしまったものと思います。「さがなし」は性格が悪い、意地悪だなどの意でしたが、マイナスイメージの範囲内の変化といえましょうか。「ない」は「無い」です。

手落ちがないことをいう、「そつがない」という慣用句があります。機能としては、形容詞となろうとしています。「そつ」は、漢字音のように感じられますが、その正体は摑《つか》めていません。室町時代末の『言継卿記』の紙背に「くちがかうそつなる人にて候」という女房の消息が読み取られていますが、「そつなり」という形容動詞が背景にあって、満足にできない意を受けて成立しているようです。永井荷風の『腕くらべ』には「土地の老妓を呼集めてよろしく頼むぜと云ったようなソツのない仕方、」とあって、カタカナ書きさせています。

無視して拒絶する態度が感じられた時、「鮸膠《にべ》もない」ということがあります。この表現も形容詞になろうとしている慣用句です。「鮸膠」とは、鮸《にべ》という魚から取った粘着力の強い膠《にかわ》のことです。そういう膠もないということで、相互に粘《ねば》り着かない関係ということで、そういう意味になったのでしょう。

アプローチ **83**

濁音から始まり、俗語性が感じられる形容詞――「ごつい」「ずるい」「ださい」「だるい」「でかい」など

江戸時代前期の契沖《けいちゅう》という国学者の『和字正濫鈔《わじしょうらんしょう》』という仮名遣いの書物に「倭語《わご》にはじめより濁る語なし。斑駒《ぶちごま》、銭《ぜに》など、後世濁りたるものか。」とありますように、日本語は語頭に濁音が来ることはなかったと見る考えがあります。形容詞を見ても、平安時代までに成立しているもので語頭が濁音であるものは見当たりません。しかも、濁音で始まる形容詞は、いずれもマイナスイメージのものばかりです。その該当形容詞を以下に引いて、『日本国語大辞典第二版』が紹介する初出年を確認していこうと思います。

大きくてごつごつと角張っていたり、無骨で荒々しい感じを「ごつい」といいます。その初出は1899年で、『俚言集覧《りげんしゅうらん》』（増補）という俗語辞書です。「ごつい　はりま加古辺にて大なることをいふ。」とあるところからは、兵庫県南部の播磨《はりま》の方言と見られていたことになります。「ごつごつ」という副詞も形容動詞も存在していましたので、成立の背景となっていましょうか。

狡猾《こうかつ》な性格などをいう「ずるい」の初出は、1679年です。山崎闇斎《あんさい》の『大学垂加《すいか》先生講義』の「武毅はずるうなき也。」です。『大言海』がスルスルと締まりのない意から劣る意に転じたものとしていますが、濁音化についてはどう見ようとしているのでしょうか。「ずるずる」という副詞も形容動詞も存在はしていましたが、現行の語義と重なるところは見えません。かつてあった、しまりがない意で重なるところが見えてきますので、関連はあるようです。「狡《ずる》い」という漢字表記と結びつくのは、いつごろからなのでしょうか。

野暮ったいことをいう「ださい」については、『日本国語大辞典第二版』も立項していますが、語釈は「あかぬけしない。やぼったい。田舎くさい。」とあるだけです。二〇〇一年刊行直前の編集会議では、どういう発言や判断があったのでしょうか。予定していた出典資料には該当用例がなかったということでしょう。外来語から成っているものではないので、「ダサい」と表記するのは、いかがでしょうか。

体が重苦しく動くのがつらいという感じを「だるい」といいます。「怠《だる》い」「懈《だる》い」という漢字表記が定着しています。初出は1462年で、禅宗の規則書である『百丈清規抄《ひゃくじょうせいきしょう》』に見られます。「互跪《ごき》と云は久しく跪《ひざまづ》けばたるいほどに、かたかたづつとりかえ《ママ》とりかえ《ママ》、ひざを地につくるぞ。」とあって、「たるい」でした。現在も、方言には、その清音「たるい」が残っています。疲れる意の動詞「疲《た》る」も存在していましたので、本来は「たるし」であったろうと思えてきます。

並外《なみはず》れて大きいことを「でかい」といいます。「でかい」の初出よりも古くに変化形の「でっかい」の載る資料が存在していて、文献資料の皮肉さを感じます。1650年には方言集の『片言《かたこと》』に、「物のいかめしく大なることを、でこ・でっかい・にくじなどといふこと、いとさもしう聞こゆ。」とあって、そこには「でかい」の転じた「でこ」もあります。語源は、接頭語ドが形容詞イカイと結合したものです。

金儲《かねもう》けに抜け目ない生き方などを「がめつい」といったりします。昭和三十四（1959）年、菊田一夫の戯曲『がめつい奴《やつ》』から流行し、広く使われるようになりました。菊田一夫の造語で、麻雀で使うガメルと関西方言のガミツイを繋《つな》げて使ったとのことです。いま一つ、ガメは亀でスッポンを指し、銜《くわ》えて離さない意をガメにゴッツイなどのツイを繋いだものだ、ともいわれています。

「ぎこちない」については、アプローチ**78**でご確認ください。初出は1906年で、二葉亭四迷の「其面《そのおも》影《かげ》」に載る用例です。「佶屈《ぎこちな》い」という漢字表記をしています。

アプローチ **84**

語末が「どい」となる、強烈さを表す形容詞——「くどい」「ひどい」「あくどい」「きわどい」「しんどい」「すすどい」「するどい」など

執拗《しつよう》に繰り返すことを「くどい」といいます。室町時代の『玉塵抄《ぎょくじんしょう》』という抄物《しょうもの》に「嚅は多言を云ぞ。くどくどものを云ことぞ。」(二〇)とあるのが初出です。動詞「口説《くど》く」も副詞「くどくど」も登場するのは、後のことです。現在は味のしつこさなどもいうようになっています。

残酷なことや程度の甚だしいことを「ひどい」といいます。漢字表記は、字義からは「酷《ひど》い」となりますが、明治期まで、古くは「非道《ひど》い」でした。「非道」という名詞や形容動詞が先行していて、平安時代の『落窪物語《おちくぼものがたり》』に「我より外《ほか》に領ずべき人なき家をかくする事はいとひたうなる事、」(三)とあって、地券を持っていないのに、中納言がそう言っているところです。その「非道なり」が江戸時代から形容詞化して、「ひどい」となったのです。

度を超えて悪質な性格などを「あくどい」といいます。「あくどい」の「あ」は「あざとい」の「あ」と同じで、接頭語といわれていますが、その「あ」がどんな働きをするのかは、きちんと受けとめられていません。江戸時代の初めから用例を見ます。その意味する悪質さ、悪辣《あくらつ》さに引かれて「悪どい」と表記されていることがありますが、誤りです。でも気持ちはよく分かります。

法律違反の直前など、ぎりぎりの状態や猥褻《わいせつ》になりかねない場面などに用いる「きわどい」という形容詞があります。「際疾《きわど》い」という漢字表記が定着していますが、「疾《と》し」は奈良・平安時代語ですので、いつごろ、どんな意味の「疾し」、あるいは「疾い」として結びついたのでしょうか。いや、その「疾い」

とはならなかった「疾し」ですので、その成立が気になります。

主に関西地方で用いられていて、疲れてつらい意を表す表現に、「しんどい」があります。その「しんどい」は形容動詞「辛労《しんろう》だ」から生まれたことが確認されています。その形容動詞は名詞「心労」から生まれています。その形容動詞用例は、『中華若木詩抄《ちゅうかじゃくぼくししょう》』という抄物《しょうもの》に「先づは辛労なことがな。」(中)とありました。それが、狂言記の『粟津口』に「はあいかふ《ママ》しんどな。」となっていました。さらにまた、浄瑠璃《じょうるり》の『丹生山田青海剣《にぶやまだあおうみのつるぎ》』には「何のマアしんどい事がございましょう。」(三)となっていたのです。

やや古風な物言いになりますが、抜け目のない速い動きを、「すすどい」ということがあります。鎌倉時代の『平家物語』などから用例が見られ、当初は機敏さだけを表していましたが、徐々に悪賢《わるがしこ》さをいうようになってきています。動詞「進《すす》む」の「すす」に「疾《と》し」が付いたもので、諸説が一致しています。

「鋭《するど》い」の「どい」も、以下のような経緯で、「疾し」であると見られています。右の「すすどし」の影響で形容動詞「鋭《するど》なり」が生まれ、その「鋭なり」から「鋭し」が生まれ、「鋭し」が優勢になって、「すすどい」を衰退させて、現在「鋭い」の時代になっているという流れを、『日本国語大辞典第二版』の「すすどい」「するどい」の語誌から読み取ることができました。ただ、「するどなり」は、平安時代初めの訓点資料に「尖」字の訓読として現れていますので、「鋭なり」の生成については、再考の必要があるでしょう。

「きわどい」「すすどい」「するどい」の「どい」は、「疾し」であったと、ほぼ見てよいでしょう。それに対して、「くどい」「ひどい」「あくどい」「しんどい」は、そうではありません。ただ、いずれからも俗語性が感じられます。その俗語性の印象が、次の、語末が「どい」となる俗語形容詞を生み出してきているようにも思えます。

アプローチ 85

カタカナ外来語を誘い込んだ形容詞――「バタくさい」「ナウい」「エモい」

形容詞は、どの時代にも、容易に思いつくまま成立させてきています。ただ、そのほとんどが和語です。日本語の歴史のなかで長きにわたって導入の機会のありえた漢語でさえ、形容詞となっている用例は限られます。アプローチ79でなど見てきています。そこで、カタカナ外来語から成る形容詞がいっそう限られること、いうまでもありません。

アプローチ54には接尾語「くさい」を付けて成立した形容詞を紹介してありますが、ここに取り上げる「バタくさい」も、その一語ということになります。ただ、その初期の用例は接尾語化していない「臭《くさ》い」を下接させた「バター臭い」「バタ臭い」であったろうかと思います。バターの匂いだけか、洋食の印象などもいったものか、いずれにしても、外来の食文化を言語文化として受けとめたのでしょう。「バタくさい」に落ち着くのは、五音節だからでしょうか。

臭くないことが明らかな用例も「臭」字を宛《あ》てた用例が初出で、田山花袋『東京の三十年』に「イヤにバタ臭い文章だな。」(その時分の文壇)が確認されます。また、正宗白鳥『我が生涯と文学』に「有島の文学にはキリスト教の影響が随所、現れている。それだけにバタ臭い感じがする。」(四)とあります。西洋かぶれしているとか、西洋ふうで生意気な感じがするとか、そういうところまで読み取らないと、その「くさい」までを読み取ったことにならないでしょう。

英語の now を形容詞化させた「ナウい」は、現代的な感覚で新しい意を担って、一九八〇年代の流行語となりました。中島梓『にんげん動物園』に見る「深田祐介さんのは、ナウい女性ばっかし。」（六三）などです。そして、現在、いっそう多くの人々の日常生活の必須語となっています。

ただ、そのnowは、形容詞化以前に、形容動詞化していたように思えてなりません。連体形「ナウな話」「ナウな事例」などと言っている生《なま》の声が耳底に残っているように思えてなりません。一般的な傾向として、カタカナ外来語は形容動詞として活用語化します。「モダンな服装」「スマートな体つき」などです。「ナウい」が直ちに成立したとは、どうしても思えないのです。実際、そのとおりで、「ナウ（な）」は、一九七〇年代の流行語となっていました。

ここのところ、何につけても「エモい」と言う若い人の存在に気づきました。思い切って、どういう気持ちをいっているのか尋ねましたところ、清少納言のいう「をかし」と同じ気持ちで用いているとのことでした。それまで「えも言はれぬ」意かと思っていた「エモい」の私解もまんざら外れてはいないという笑い話をお礼としてお返ししました。

もちろん、その「エモい」は、感情的・情緒的な様子を意味するemotionalを形容詞化させたもので、音楽業界で用いられた表現が一般に広まったものです。海外のロック音楽において哀愁漂うメロディや感傷的な歌詞をエモと言っていた、その「エモ」に語尾「い」を添えたという経緯をその後知りました。

謎《なぞ》の形容詞「エモい」について、さらにその後、「エモい」が思うように使えない世代は、早々に、使用語彙としての「エモい」の使用は諦めて、ひたすら、理解語彙としての「エモい」の理解に努めました。しかし、どんな日常の生活がそう映るのか、どんな呟《つぶや》きがそう聞き取られるのか、そう思って捉えようとしても、なかなか摑《つか》めません。そのように捉えにいくところを「エモい」という形容詞が捉えて表現していることになるのでしょうか。

アプローチ **86**

「明るい」と「暗い」とが性情などをいう形容詞と認識された日――石坂洋次郎『青い山脈』の主題歌から

石坂洋次郎の『青い山脈』は、昭和二十二年六月から十月まで朝日新聞に連載された新聞小説で、敗戦直後の当時の日本人に、新しい生き方を方向づけてくれました。映画「青い山脈」で、多くの若者は、恋愛のあり方を始め、新しい正義を学びました。その主題歌は「若く明るい歌声に」で歌い出されていました。

その「明るい」が、光が十分に射して物がよく見える意でないことは容易に分かりましたが、どんな意味かを確かめる機会のないまま生きている人は多いと思います。その直後刊行された『明解国語辞典』(三省堂・昭和二十七年)を見ても、ブランチは㊀・㊁しかなく、(光線が強く)よく見える意以外は、よく通じている意だけでした。物理的な意味から精神的な意味に転用されていることに気づかされる契機は、個々人によってあったりなかったり、ということになるようです。

筆者にとって、この「明るい歌声」は、その精神的な意味を読み分ける必要性を認識した早い段階のものと記憶しています。「明るい顔」に見る不安さのない意もありますが、続く「雪崩《なだれ》は消える　花も咲く」から、「明るい見通し」などの希望のもてる意のほうがよいか、と思ったり、また心配事のない意に戻ったりして、悩みながら楽しんだ日がありました。教員となって、調査書に明朗・快活な性情をいう「明るい性格」と書くたびに、精神的な意味の「明るい」の概念が徐々に見えてきたように感じました。

さらに、それまで具体的に見えていなかった、通じている意の「明るい」を用いる場面が見えてきて、「歴史に明るい。」とか「数理に明るい。」とか、抵抗なく使えるようになって、「政界の事情に明るい。」などともいえるようになりました。そして、アプローチ**71**で見てきた格支配にも気づくようになっていました。「明るい」は、ク活用系形容詞で、属性を表すものですのに、意外なほどにその成立は新しいのです。江戸時代からの用例をしか見ることができません。そこで、「明るい歌声」の「明るい」に相当する用例を追跡していると、昭和初年のプロレタリア小説家である岩藤雪夫《いわとうゆきお》の『ガトフ、フセグダア』（1925年）に、「自分一個人のみならず労働者の明るい未来が見え出してきた。」とありました。注目したい表現です。注目したい用例です。

　ところで、既に、アプローチ**7**で見てきているように、「明るい」の対義語は「暗い」です。物理的な意味としての、光によってよく見える意とよく見えない意との対義関係は直ちに見えてきます。もちろん、「明るい」の成立が江戸時代からですので、その意味での対義関係は、江戸時代から生まれていたと見ることができます。そこで、「明るい性格」などの、明朗・快活な性情をいう「明るい」との対義関係にある「暗い」の存在を確認してみることにしました。「暗い」の成立は、平安時代の初めから見られます。それでは、陰気である意や希望がもてない意の精神的な意味の用例は、いつごろから見られるのでしょうか。

　ありました。しかし、平安時代からあった「暗い」ですが、その、陰気な希望のもてない意の用例は、宇野浩二の『苦の世界』（1918～21年）の「私たちは暗い影を持った生活をせねばならなかった。」に始まります。ほぼ、あの「明るい未来」に対応しているといえましょう。この「明るい」と「暗い」との関係、どちらがどちらを誘発したか分かりませんが、セットにならなければ生じない意味だったように思えてきました。その転義は、同年同月同日同時に生じた、と思おうと思っています。

アプローチ 87

人物を評価する形容詞「かたい」が担う好悪の二面 ——「堅い人間」と「頭の固い親父《おやじ》」と

アプローチ31で見てきているように、「かたい」という形容詞は、固体に力を加えて、その形や状態が変化するかどうかなど確認した結果として得られた感覚をいう形容詞です。その「かたい」は、「固い」と漢字表記されます。ク活用系の属性形容詞で、「柔らかい」が、対義の関係にあります。その「柔らかい」と「固い」とは、そのように、物理的な物象から自然と見えてくる対義語関係にある形容詞で、アプローチ7の該当用例ということができます。当然のことながら、「柔らかい」もまた、ク活用系の属性形容詞です。

その「かたい」は、「固い」と漢字表記される用法が本義で、「固」の字義から、外から侵されたり動かされたりしない意の「かたい」は、すべて「固い」と漢字表記されます。「地盤が固い。」を始め、「固く結ぶ。」などです。比喩的用法でも、「頭が固い。」「財布のひもが固い。」なども、「固」字を用います。

充実した意を表す意となったものについては、「堅」字を用い、「堅い材木を用いる。」などが、その用例です。比喩的な用法となったものとして、「口が堅い。」「堅い商売をしている。」などが見られます。

「堅」字との違いは微妙ですが、材質が密であるものについては、「硬」字を当てます。「硬い鉛筆で書く。」などです。比喩的に用いた場合としては、「硬い文章の評論家だ。」「表情が硬い。」が挙げられます。

右に見てきたように、「かたい」の漢字表記の書き分けは、けっこう難しいといっていいでしょう。そこで、その転義との関係から、漢字表記との関係を見ていきましょう。「かたい人だから間違いはない。」などという「かたい」は、真面目《まじめ》である、という意味です。充実している意の「堅」字が当たることになるでしょう。「堅実な」という形容動詞が、その語義として見えてきたら、正解が見えてきたことになります。
そこで、次は、「頭がかたい親父だから、理解してもらえない。」などという「かたい」は、頑固《がんこ》で、融通が利かないという意となります。柔軟性が欠けているということです。柔軟性に欠けているといってもいいでしょう。その「柔軟性」という性情の「柔」から、それと対義の関係の「固」字が見えてきて、正解に辿《たど》り着けるでしょう。

同じ「かたい」であっても、「堅い人間」となると、その「堅い」は、堅実で、望ましい性情をいっていることになります。危なげのない、その生き方は、人間生活において信用を生み、好ましい人間関係を形成することになるでしょう。そのような「堅い」という形容詞は、好ましい言葉として受けとめられます。

同じ「かたい」であっても、「頭の固い親父」となると、その「固い」は、融通が利かなく、嫌な性情をいっていることになります。その場の雰囲気を読み取ることができなくて、融通を利かせることができない頑固さは、人間関係を破壊してしまうこともあります。好ましくない振る舞いともなって、一刻《いっこく》な存在となってしまいます。そのような「固い」という形容詞は、嫌われる言葉として受けとめられます。

堅実さを好ましいこととしていう「堅い人」に相当する古典語の表現「堅き人」は、奈良時代からあったと見てよいようです。『日本書紀』に「故令三人挙二廉節一」（十七・継体二十四年）を、前田家本訓では「故《かれ》、人として廉節（きよくかたきひと）を挙げ令《し》め、」と訓《よ》んで、「かたきひと」で堅実な人を意味するものと解しています。ちょっと時代下って、『日葡辞書』にも、「Catai（カタイ）ヒト〈訳〉比喩、変わることなく意志の堅い人。」とありました。石のように固い人、ということではありません。それに対して、「頭の固い親父」の「固い」に相当する用法は、時代を遡ったところに見ることはできませんでした。この用例に始まる用法となるようです。

アプローチ
88 容易《たやす》さをいう、伝統形容詞と俗語形容詞と――「たやすい」と「ちょろい」と

「言うは易《やす》く、行うは難《かた》し」という諺《ことわざ》は、前漢の宣帝の時、桓寛《かんかん》という人が撰した『塩鉄論』の一文「言《フハ》レ之《これヲ》易《ク》、而行《フハ》レ之《ヲ》難《シ》。」（利議）に拠《よ》るものです。口で言うことはたやすいが、実行することは難《むずか》しい、ということです。そのように、「易《やす》し」は、たやすい、ということです。その「たやすい」は、「易し」に接頭語「た」が付いた「容易《たやす》し」と解されています。ただ、その接頭語「た」については、語調を整えるという程度のことしかいえないようです。とにかく、古典語形容詞「易し」も「容易し」も、難しくない意で用いられています。

『万葉集』には「旅といへば言《こと》にそ易きすべもなく苦しき旅も言にまさめやも」（15三七六三）とあって、旅というと、言葉では何でもないが、苦しい旅でも旅としかいえないと詠まれています。同じ『万葉集』に「言に言へば耳にたやすし少なくも心のうちに我《わ》が思はなくに」（11二五八一）ともあって、言葉では何でもないが、一方ならず心のなかでは思っているのだ、とも詠んでいます。当代も、「易し」も「容易し」も、ともに用いられていました。

古典語「易し」は、平穏である意の「安し」であったろうと思われます。その用例も、同じ『万葉集』に「たまきはるうちの限りは平《たひ》らけく安くもあらむを…」（5八九七）とあって、世にある限り安穏でいたいものだが、といっています。また、別の一方では、「廉《やす》し」ともなっていました。低廉《ていれん》である意です。

それに対して、「たやすし」は、容易である意だけで、現代語「たやすい」に至っています。そうではあっ

ても、「易い」も「たやすい」も、伝統ある形容詞です。長い歴史ある形容詞です。

その容易である意の形容詞として、打ち解けた友人同士の対話では「ちょろい」を用いることがあります。友人同士といっても、それは、男性に限られましょうか。場面も大きく関係するでしょう。「車の修理なんて、ちょろいもんだよ。」などの「ちょろい」です。他者を対象としていう時には、侮蔑《ぶべつ》の表現となるようです。「そんなちょろい手には乗らないよ。」などと言った時の「ちょろい」です。

江戸時代の浮世草子などから、その用例を見ることになります。内容に乏しく値打ちがない意から、様子が生《なま》ぬるい意や見えすいている意などを経て、物事の処理の容易さをいうようになったようです。マイナスイメージの言葉だからでしょう、方言には「ちょろくさい」という、接尾語「くさい」を添えた用例も見られます。また、「ちょろこい」という言い方も見られます。擬態語副詞「ちょろちょろ」の「ちょろ」からでしょうか、どういう「ちょろ」からなのか、そこがよく見えてきません。他動詞「ちょろまかす」なども、その「ちょろ」から来たものです。

その「ちょろ」が物事に対する判断に厳しさがないことを意味する「甘い」の語幹に接続して複合形容詞「甘ちょろい」となっています。渡辺一夫『人間が機械になることは避けられないものであろうか?』に見る「ヒューマニズムとかいう甘ちょろい思想の機械になっているのであろう。」が初出かと思いましたら、同じ語形ではありませんが、洒落本《しゃれぼん》の『青楼松之裡《せいろうまつのうち》』に「そんな、あまっちょろこい女じゃア《ママ》ねへ《ママ》は。」（二）とありました。

ほぼ同じ意味を表していると思える形容詞でも、重々しく伝統あるものもあれば、卑俗で軽薄なものもあるということを、具体的な用例をもって示してみました。

アプローチ
89 語頭濁音形容詞「だるい」の成立と、その周辺――「かったるい」と「けだるい」と、そして、「甘ったるい」と

「甘ったるい」や「かったるい」の「たるい」については、そういう接尾語でもあるかのように思えてきます。「けだるい」の「だるい」は、直ちに、動くのが辛い意の「だるい」であろうと見えてきて、「たるい」と「だるい」とは関係ないように思えてくるでしょう。しかし、その「たるい」と「だるい」とは、関係あるのです。「甘ったるい」は「甘たるい」がその前身で、その「甘たるい」を「甘だるい」と言う人たちもいました。

「かったるい」は、現代語としては、「だるい」と同じ意味になってしまっていますが、腕《うで》がだるい意の「腕弛《かいだる》い」が変化したものです。その「腕弛《かいだる》い」は、その前形が「腕弛《かいなだる》い」で、「かったるい」の「かっ」は腕《うで》の古典語「腕《かひな》」だったのです。そして、そのまた前身は、当然、「腕弛《かひなだる》し」です。

その前後の関係を教えてくれるのは、『日葡辞書』の「Caidarui（カイダルイ）非常に疲れている。かったるい。」です。その直前形「腕弛《かいなだる》い」「腕弛《かひなだる》し」の語幹の下に接尾語「げ」を付けた形容動詞「腕弛《かひなだる》げなり」もできていて、明治になってからの詩人薄田泣菫《すすきだきゅうきん》が『白羊宮』に「並木立《なみこだち》腕《かひな》だるげに葉を垂れつ」と詠んでいます。その「腕弛《かひなだる》し」の前身は「腕弛《かひなたゆ》し」で、『宇治拾遺物語』に「経をしばしが程も濡《ぬ》らし奉らじと思ひて捧げ奉りしに、腕《かひな》たゆくもあらず…高く捧げられ候ひつれば、…」（10一〇）とあります。海賊の頭目の若き日の発心物語のなかに登場する経袋《きょうぶくろ》を首にかけていた華奢《きゃしゃ》な青年僧の独白です。海に投げ込まれても腕もだるくなくお経を捧げていることができた、と言っているところです。

現代語では語頭濁音形の「だるい」が標準形となっていますが、そう遠くない昔まで、方言「たるい」が広い範囲で分布していました。加えて、現代語に残っていませんが、疲れる意のラ行四段活用動詞「たる」も存在していました。その「たる」が、「だる」となっていることもありました。『日葡辞書』には、「Dari,u,atta（ダル）」として、卑語といっています。

『百丈清規抄《ひゃくじょうしんぎしょう》』という、仏教について述べた漢籍の注釈書に「互跪《ごき》と云は久しく跪《ひざまづ》けばたるいほどに、かたがたづつとりかえ《ママ》とりかえ《ママ》、ひざを地につくるを云ぞ。」（一）とあります。室町時代の文献で、その「たるい」は現代語の「だるい」です。既にアプローチ83で引いていました。また、連歌師の紹巴《しょうは》が編んだとされる『匠材集《しょうざいしゅう》』という連歌の辞書に、「足たゆく　あしたるき事なり。」とありました。その「たるし」「たるい」がマイナスイメージであるところから、語頭を濁音化させたのであろうと見ることができます。「弛《たゆ》し」が「たるし」「たるい」となり、「だるい」となって、漢字表記も「怠《だる》い」となってきています。

「けだるい」は、「気怠《けだる》い」と漢字表記が定着しています。初出は、小栗風葉の『青春』に見る「気怠《けだる》い躰を昼もウツラウツラと寝床に横たえて、」（夏・一五）です。明治の末年です。そういうわけで、「けだるい」は、「だるい」が定着してから接頭語「気《け》」を冠して成立した形容詞ということになるでしょう。「気怠げだ」という形容動詞も「気怠さ」という名詞も、同じ明治の末年に用例を見ることができます。

動詞「たる」はもちろん、形容詞「たるい」も、もはや現代日本語としては残っていません。残っているのは、「だるい」だけです。ただ、「かったるい」には、「たるい」が残っています。その「たるい」は、疲れて活気がない意から締まりがない意ともなっていて、「甘い」の語幹に付いて、「甘たるい」という複合形容詞にも残っています。甘すぎて締まりがない意と見たらよいでしょうか。

アプローチ 90 尊卑・貴賤の対義関係を表す形容詞二語――「とうとい」「たっとい」と「いやしい」と

常用漢字表には、「貴」字だけでなく、「尊」字も、「とうとい」と読んでよいことになっています。崇《あが》め敬う意は「尊い神仏」と表記し、極めて価値が高い意は「貴い命」と表記します。その「とうとい」の古典語は「たふとし」で、「太し」に接頭語「た」が冠せられたものと見てよいでしょう。『万葉集』の山上憶良《やまのうえのおくら》の「父母《ちちはは》を見ればたふとし妻子《めご》見ればめぐし愛《うつく》し」（5八〇〇）の「尊し」であり、同じ『万葉集』の大伴旅人《おおとものたびと》の「言はむ術《すべ》せむ術知らず極《きは》まりてたふときものは酒にしあるらし」（3三四三）の「貴し」であるといっていいでしょう。ただ、その漢字の書き分けは、もっと時代が下ってからでしょう。「貴」字は古くから見られますが、次に多いのは、「崇」字だったようにも思います。

聖徳太子の十七条憲法は、『日本書紀』に「一《ニ》曰《ク》、以《もチテ》レ和《ヲ》為《シ》レ貴《たふとシト》、無《キヲ》レ忤《さかフルコト》為《せヨ》レ宗《むねト》。」と載っています。その「貴」字を「たっとし」と読む人がいますが、仮名書きで「たっとし」が確認できるのは、例えば『宇治拾遺物語』の「それにつけても、たつときおぼえはいよいよ増さりけり。」（四七）あたりからです。その幾らか前から「たふとし」の「ふ」が促音化して、「たつとし」となってきていたのでしょう。そういうわけで、十七条憲法は、「和を以ちて貴《たふと》しとす。」と読みたいと思います。

さて、現代人が意識する身分の高下をいう尊卑・貴賤については、その漢語としての「尊卑」「貴賤」を『続日本紀《しょくにほんぎ》』には見ることがありますが、和語としては、どう表現していたのでしょうか。「たふとし」「たっとし」の一方に、卑賤をいう「いやし」が奈良時代から用いられていて、『万葉集』にも用例を見ますが、対義意識があったかどうかは、ちょっと疑問です。それは、『枕草子』に「ふと心おとりとかするものは…。ただ文字一つに、あやしう、あてにもいやしうもなるは、いかなるにかあらむ。」（一八六）とあるからです。形容動詞「貴《あて》なり」と「いやし」とが対義関係にあったように見えてきます。それが、『日葡辞書』には「Sonpi（ソンピ）タットイ、イヤシイ。」となっているのです。

「いやしい」の漢字表記は、常用漢字表では「卑《いや》しい」だけです。「賤《いや》しい」は表外字です。『万葉集』にも用例を見ますが、『伊勢物語』の「身はいやしながら、母なむ宮なりける。」（八四）がよく知られた用例です。昔男の業平の母は桓武天皇の皇女でしたが、その昔男がまだ官位も低かったころ、あのさらぬ別れの歌を詠み合う話です。その身分が低い意の「卑し」は、貧しい意にも蔑視する意にも、さらには下品さも意味して、人前かまわず食べ物を貪《むさぼ》り食べる意にまでなってはいますが、古い昔の身分が低いことをいう形容詞として、「とうとい」「たっとい」との対義関係を背景に残しています。

「いやし」は、卑賤という価値基準の低さをいうところから、不備があることをも表現し、相応する条件を充足していないことをいう、かりそめにという意味で、「苟」字を「いやしくも」と訓読する副詞として用いられました。訓読語の「苟《いやしく》も」も、「いやし」からできた副詞だったのです。また、下品さをいう「いやし」は「賤《いや》し」という漢字表記に定着してきてもいますが、「卑」字との書き分けが明確になっているともいえません。現代語「いやしい」は、すべて「卑」字で書いても許されます。

「尊卑」は、訓で読んで字義を捉えると、「とうとい」と「いやしい」とになります。「貴賤」も、訓で読んで字義を捉えると、「とうとい」と「いやしい」とになります。「とうとい」は「たっとい」ともいえますが、「いやしい」に語形の異なる同義語はありません。「とうとい」の対義語は「いやしい」であり、「たっとい」の対義語も「いやしい」ということになります。

アプローチ 91

連語として取り扱われている「忍びない」の成立――上二段活用動詞「忍ぶ」の未然形に打消の助動詞「ず」が付いた「忍びず」の「ず」が「ない」になったもの

「泣き声を聞くに忍びなかった。」とか「見るに忍びない場面だった。」とかいう「忍びない」については、形容詞のように見えるし、そう品詞認定している国語辞典もありますのに、連語としている国語辞典もあります。我慢《がまん》できない、という意味です。そうすることに耐えられない、ということです。もう形容詞としてもいいのですが、その成立を知ってしまうと、形容詞とすることはできない、という文法学者もいるわけです。

もともと、この表現は、「忍びず」でした。バ行上二段に活用する「忍ぶ」という動詞があります。古語辞典で確認してください。その「忍ぶ」の未然形「忍び」に打消の助動詞「ず」が付いたものでした。まず、その「忍ぶ」は『万葉集』にもありました。「万代《よろづよ》に心は解けてわが背子《せこ》が捻《つ》みし手見つつ志乃備《しのび》かねつも」(17三九四〇)は、仲直りして、あなたが抓《つね》った手を見るたび、恋しさに堪《た》えきれない、という意です。「かね」という補助動詞的な動詞が、できない意を担っています。打消の助動詞に近いと見てよいでしょう。

その「忍ぶ」が近代文語文にも残って、中村正直訳の『西国立志編』に「つひに、これを汚すに忍びずと云ひけり。」(13二七)とありました。これを汚すことに我慢できないと言った、というのです。その「忍ぶ」の上には、必ず格助詞「に」があります。その「…に忍びず」の「ず」を新しい打消の助動詞「ない」に言い換えたのが「忍びない」だったのです。したがって、「忍びない」は「忍びなし」などから変化したものではなく、「忍びず」を言い換えたものだったのです。

国木田独歩の『竹の木戸』に「つまり真蔵にはそうまでするに忍びなかったのである。」とあって、それが初出と見てよい用例です。森鷗外の『金毘羅《こんぴら》』にも、「実は顔を見て物を言うと、苦しみながらお付き合いに笑うのを見るに忍びないのである。」とありました。

その上接する「に」については、既に格助詞といってきていますが、国木田独歩の用例は、動詞「する」に付いていています。それは、文語文の中村正直の用例においても、動詞「汚す」に付いていて、同じです。冒頭に引いた用例も、「聞く」と「見る」とに付いていていました。それら動詞はいずれも連体形準体法で、その下には形式名詞「こと」を入れて読み解くところだったのです。森鷗外の用例も、同じように動詞「見る」の連体形で、「こと」を補って読んでいくことになります。

ところが、以下に引く永井荷風の『墨東綺譚《ぼくとうきだん》』に見る「それを承知しながら、わたくしが猶躊躇《なおちゅうちょ》しているのは心に忍びないところがあったからだ。」には、「に」の上が動詞ではありません。ここに見る「心」は「見る」であってもよいところかと思いますが、その「見る」を「思う」としようとして、名詞「心」になってしまったかに思えてきます。「思う」にしようとして、戸惑って「心」にしてしまったのではないかと思えてきます。

この「忍びない」は、格助詞「に」の下に用いられますが、その「に」の上は、動詞の連体形が原則と見てよいでしょう。したがって、この「忍びない」は、動詞の連体形に付く「に」の下に用いられる、ということになります。ところで、その上接動詞を観察すると、「見る」「聞く」「思う」などです。「見る」が圧倒的に多く、「聞く」「思う」などがそれに続くところからは、知覚性の動詞がそこに要求されているといえましょう。

アプローチ 92

形容詞「新しい」と形容動詞「新ただ」との関係――古典語形容詞「新《あら》たし」現代語形容詞「新《あたら》しい」

形容詞「新《あたら》しい」は、「新」という漢字をアタラと読むことになります。「新《あら》たに」とか「新《あら》たな」という形容動詞「新《あら》ただ」の「新」という漢字は、アラと読まれていることになります。送り仮名をどこからにするかにもよりますが、とにかく、アタラとアラタというように、第二音節と第三音節とが、タラとラタとで逆になっています。これが、この「新しい」と「新ただ」との歴史を知る、大きなヒントとなっています。

『万葉集』の最末尾の一首が「新《あら》たしき年の初めの初春《はつはる》の今日《けふ》降る雪のいやしけ吉事《よごと》」（20四五一六）であることは、よく知られています。新しい年の初めの正月の今日降る雪のように、もっと積もれ、よい事、という意です。その「新《あら》たし」という古典語形容詞は、現代語形容動詞「新《あら》ただ」と同じで、第二音節と第三音節とがラタであることに気づくと思います。タラではありません。

『万葉集』には、「新たなり」という形容動詞もありました。『万葉集』の時代には、まだ形容動詞は多くはありませんでしたから、数少ない形容動詞の一つでした。「冬過ぎて春し来《きた》れば年月は新たなれども人は古《ふ》り行く」（10一八八四）は、春がやってくると、年月は新しくなっていくけれども、人間は古くなっていく、ということです。『万葉集』では、「新たし」と「新たなり」とが同じアラタで、そのアラタは、現代語の「新ただ」に引き継がれています。その点で、現代語形容詞「新しい」は、アタラであって、それらとは違うことになります。

そのアタラとなるものとして、『万葉集』に、「惜《あたら》し」という形容詞がありました。あまりにもすばらしく、そのままにしておくのは惜しいという意味の形容詞でした。次の時代の平安時代にも用いられていました。その「惜《あたら》し」とは別に、その平安時代には、新しい意の「あたらし」が登場していました。『古今和歌集』の詞書《ことばがき》には「ある人司《つかさ》を賜はりて、新《あたら》しき妻《め》につきて、年経《へ》て住みける人捨てて、」（8離別三八六）とあって、その新しい意の「新《あたら》し」を見ることができます。つまり、平安時代には、惜しい意の「惜《あたら》し」と新しい意の「新《あたら》し」とが共存していました。

アクセント研究の結果からは、惜しい意の「あたらし」と新しい意の「あたらし」とは、アクセントに違いがあったことが明らかになっています。新しい意の「あたらし」は、奈良時代の「あたらし」が音韻転倒して、ラタからタラへと移ったのです。言い間違え現象だったのです。その言い間違えから生じた「新《あたら》し」がずっと現代にまで残って、現代語の「新しい」になっていることになります。

奈良時代の「新《あら》たし」や古典語の「新《あら》たなり」は、アラタが共通しますが、それは、「改む」という動詞のアラタとも共通します。「改む」という下二段他動詞は、現代語の「改める」です。「改める」は、新しくするが本来の意味だったのです。

それに対して、平安時代以降、言い間違えから広まってしまった「新《あたら》し」は、アタラという音と「新」という字義との間に、何か内容的な結びつきがないように思えてきます。アラタの部分にあった意味がないのですから、そう思えて当然でしょう。そこに、新しくする意があったからです。しかし、その内容のない「新《あたら》し」が、その後、ずっと続いて広まり、長く続いて現代の「新しい」に至っているのです。「新《あら》ただ」という形容動詞が新しいを意味するだけに、新しくする意がない「新《あたら》しい」を使うことに、ちょっと寂しさを覚えることもあります。

アプローチ 93

ク活用系一音節語幹形容詞の様態の助動詞「そうだ」への接続——「なさそうだ」「よさそうだ」／「降らなそうだ」「降らなさそうだ」

「そうだ」という助動詞があります。その「そうだ」には、様態を表すものと伝聞を表すものとがありますが、様態を表す「そうだ」は、ク活用系形容詞に付く場合、その大方は語幹に接続しています。ただ、一音節語幹の「ない」「よい」が様態「そうだ」に付く場合は、そうではありません。

同じク活用系形容詞であっても、語幹が二音節以上のものには、その語幹に様態の助動詞に直ちに接続しています。「暖かそうだ」「長そうだ」などです。ところが「ない」「よい」については、「なさそうだ」「よさそうだ」というように、その語幹と「そうだ」との間に「さ」という音を挿入しているのです。なぜか、挿入しているのです。「なそうだ」「よそうだ」ではありません。音節数との何か関係があるのでしょうが、理由も明確になりえていません。以上は、一般の日本語文法書や、中学校の国語教科書にも書いてあるところです。そして、それに気づかなくても、現実の言語生活には何の支障もありません。なまじっか、知ってしまうと、どうしてかと、気になってならないことにもなってしまいましょう。でも、そこが面白いことでもあるのです。

同じようなことが、打消の助動詞「ない」が付いた語句や希望の助動詞「たい」が付いた語句に様態の助動詞が付く場合にも見られます。「この分だと、雨は降らなさそうだ。」「彼は、参院選に出馬したさそうだ。」などです。でも、一方で「降らなそうだ」「出馬したそうだ」ともいえるのです。とりわけ、「出馬したそうだ」ですと、過去の事柄の伝聞とも読めてしまって、大きな誤解を呼ぶことにもなりそうです。「出馬したそうにしている」意だなどといって、解説でも付けなければならないでしょう。

ところで、本書には、たくさんの「ない」が取りあげられています。アプローチ**41**には、「ない」が語末となっている形容詞の四群の別について紹介してあります。その四群それぞれの詳細が、続くアプローチ**42**・**43**・**44**・**45**に取り上げられています。

アプローチ**43**の「お呼びでない」「気が気でない」「なんでもない」「碌でもない」は、その挿入される「さ」音を必須としています。実験してみてください。戻って、アプローチ**42**の「情け無い」「頼り無い」「味気無い」「止んごと無い」「如才無い」は、どうでしょうか。「如才無さそうだ。」でなければいえなそうですが、どうでしょうか。いまいった「いえなそうですが、」の「いえなそうだ」は、「いえなさそうだ」がむしろ原則化していたようでもありましたが、「さ」音を入れなくてもいえてしまっていて、そのように不安定です。そこで、「さ」音を不要とする「情け無そうな顔」が浮かんできてしまいました。残りは、お確かめください。

この問題については、語末が「よい」となる形容詞についても確かめてみる必要がありましょう。その語構成を感じさせないほどに一語化して定着している該当形容詞というと、「快い」に限られましょうか。その「快い」は、「快さそうだ。」で、「さ」音の挿入が必須となっています。一語化してはいても、その語構成の見える該当形容詞として、「小気味よい」「心地よい」「程よい」「見目《みめ》よい」「見よい」を挙げることができます。「小気味よさそうだ。」で、これも、「さ」音の挿入が必須となっています。以下、お確かめになってみてください。

同じ一音接語幹の形容詞であっても、「濃い」は、そうではないようです。小さな現象ですが、取り上げてみました。

アプローチ 94

慣用句の「ばつが悪い」と「間《ま》が悪い」との共通点と相違点と――「ばつ」と「間」との、違いはどこに

形容詞には、それが述語となって慣用句を構成しているものがあります。「早い」についていうと、「手が早い」「耳が早い」などです。そこで、「悪い」について拾ってみると、「気色《きしょく》が悪い」「手癖《てぐせ》が悪い」「寝覚めが悪い」などから、「腹の虫の居所が悪い」までありますが、ここでは「ばつが悪い」と「間が悪い」とについて観察してみようと思います。

「ばつが悪い」も「間が悪い」も、その人物の存在がその場にふさわしくなく、その場にいられなくなった気持ちを表す点で共通しています。その「ばつ」は、「跋文」の「跋」ともいわれ、「場都合」の略ともいわれています。「間」は、物事と物事との間《あいだ》をいいますので、事態が進行するなかでの、時間的な一定の間隔も空間的な一定の間隔もいうことになるでしょう。ただ、「ばつが悪い」と「間が悪い」との、それぞれの意味するところを厳密に認識することは難しく、『日本国語大辞典第二版』の整理に従ってみようと思います。直ちに気づいたのは、初出年時に百年ほどの開きがあって、「間が悪い」が先行していました。

その「間が悪い」には、ブランチ①として「きまりが悪い。何となく恥ずかしい。ばつが悪い。」とあり、②として「運が悪い。まわりあわせが悪い。」とありました。「ばつが悪い」には、「その場の調子が悪い。ぐあいが悪い。きまりが悪い。」とありました。用例から見て、「間が悪い」の①には場面との関係が見えてこないのがもどかしく思えました。「ばつが悪い」の語義には意味するところが理解しにくい表現

もありましたが、一つの整理として受けとめました。

「間が悪い」は、当然、①が先行していて、その初出用例が、この慣用句すべての初出です。雑俳の『柳多留《やなぎだる》』の「間のわるさ中条のまへ二度通り」（二一）で、「間が悪い」を名詞句とさせた「間のわるさ」でした。「中条」は中条流の堕胎医のことで、躊躇して二度その前を通ったところ、あいにく人に見られでもしたのでしょうか。続いて、同じ江戸時代の滑稽本の『八笑人』からと、明治初めの仮名垣魯文《かながきろぶん》の『安愚楽鍋《あぐらなべ》』からとの二用例が引かれています。ともに、その人物の存在などと周辺の状況との関係が背景に見えてきました。

「ばつが悪い」の初出は、三遊亭円朝の『真景累ケ淵《しんけいかさねがふち》』の「人が見るとばつがわりいからよ。」（四）です。人に出会うことを警戒しています。次は、夏目漱石の『吾輩は猫である』で、やはり人に見られては具合悪いことをいっています。

さて、ここが違うところとなる「間が悪い」の②は、人情本の『風俗粋好伝』からで、「此の夜は間が悪く、九ツの鐘の鳴るまでまごついても、」（前・下）とあって、期待どおりに事態が進行しないことをいっています。続く二用例やその他の気づいた用例からも、出会えないことをいう用例が含まれはするものの、それら以外に、語義の捉えきれない用例もあるように思えます。

「ばつが悪い」の「ばつ」、「跋」なのでしょうか、「場都合」の略なのでしょうか。ただ、「場都合」の用例、見つかってはいません。「ばつが悪い」成立の背景が知りたくなります。

また、「間が悪い」の②の語義は、いっそう広がりがあるようにも感じます。つまり、ブランチ①以外は、①の語義から外れた場合でも、どこかに似通いを感じて用いてしまった用例を便宜的に②にしているのであろうか、と思えてくるのです。②の語義を絞ることは難しいようです。

アプローチ
95 「少ない」と「乏しい」との語義の相違と格支配の相違と――「…に乏しい」に注目

「少ない」は、数量の多いか少ないかの少ないを意味するだけですが、「乏しい」には、単に数量の少なさをいうだけでなく、少ないことを望ましくないと感じた、残念だの意が結びついている点で、その語義の相違点が鮮やかに見えてきます。明確に見えてきます。「乏しい」には、不足感や不満感がいつも付いていて離れないのです。

「乏《とぼ》しい」の古典語は、「乏《とも》し」でした。第二音節が古くは「も」でした。それが、平安時代の終わりごろから、「ぼ」に転じたのです。その「ともし」は、「乏《とも》し」だけでなく、「羨《とも》し」とも漢字表記されます。「ともし」には、欲しい欲しいと思って羨《うらや》ましがる気持ちもあるからでしょう。

「ともし」の背後には、さらに、「尋《と》む」「求《と》む」「覓《と》む」とも漢字表記される動詞が存在しました。マ行下二段に活用するその動詞は、複合動詞「尋《と》め行《ゆ》く」ともなって、あの上田敏訳の『海潮音』の「山のあなた」に登場する「噫《ああ》、われひとと尋《と》め行《ゆ》きて、涙さしぐみ、かへりきぬ」というように残っています。カール・ブッセより有名な上田敏訳です。

その動詞「尋《と》む」が形容詞となったものが「乏《とも》し」であり、「乏《とぼ》し」であったのです。ですから、当然、「乏しい」は、欲しくて欲しくてたまらないほど少ないということになります。そして、時には、その古典語「乏《とも》し」をそのまま現代語形化させた「乏《とも》しい」を用いる作家もいることになります。夏目漱石の『彼岸過迄』に「母が乏《とも》しい髪を工面して、何うか斯うか髷《まげ》に結い上げる様子は、」（須永の話・三二）とあります。髪が単に少ないだけでなく、もっと欲しいという思いが背景に感じ取れるでしょう。続く「工面して」という表現にも、それが窺《うかが》えます。

「乏しい」は、古典語「乏《とも》し」の時代から、二格に支配されて表現される用例を見ます。『宇津保物語』に「二、三十万匹の綾・緋金錦《ひごんき》をかぞへ納めても御飾りに乏《とも》しかるべし。」（吹上上）とあって、格助詞「に」が上接しています。時代下って、明治になってからの「乏《とぼ》し」にも、文部省の『尋常小学読本』（1887）に、「城中兵糧にとぼしくなりし故《ゆゑ》、其城を出でて、暫く潜み居たり。」（六）とありました。恐らくは、漢文訓読の傾向を受けているものと思います。近代作家の永井荷風も、『つゆのあとさき』に、「虚栄と利慾の心に乏しく唯《ただ》懶《らん》惰《だ》淫欲《いんよく》な生活のみを欲している女ほど始末にわるいものはない。」というように、二格に支配された「乏しい」の用例を見せています。

ただ、その二格支配は限られていて、例えば夏目漱石の『吾輩は猫である』には、「東風君のような経験の乏しい青年諸君は、」（二）とあって、二格支配とはなっていません。これも、二格支配にして、「経験に乏しい青年諸君」とする物書きも、当然いたでしょう。そういうわけで、この「乏しい」については、二格支配で表現する人もいた、ということになります。

「少ない」は、その古典語「少なし」の奈良時代の用例から現代に至るまで、語義にブランチはありません。その一つの意味だけで一貫しています。その語幹「すくな」は、記紀に登場する「少名《すくな》彦那《ひこなの》神《かみ》」という神名にまでなっています。『万葉集』にも『源氏物語』にも用例を見ます。数量が少ないことで共通する、その「少ない」と「乏しい」とですが、「乏しい」には、不足感不満感を伴っていること、認識できたでしょうか。そして、「乏しい」に見られる二格支配の表現、認識できたでしょうか。

アプローチ 96 ク活用系形容詞語幹に「苦しい」が付いて成立した複合形容詞――「暑苦しい」「重苦しい」「堅苦しい」「狭苦しい」「むさくるしい」

「暑い」「重い」「堅い」「狭い」「むさい」というク活用系形容詞語幹には、シク活用系形容詞「苦しい」が付いて、複合形容詞化しています。その複合形容詞「○○苦しい」については、すべてが呼吸困難を起こすような苦しいではなく、心理的な精神的な気持ちを表すものとなっているクルシイもあって、「○○くるしい」とか「○○ぐるしい」とかいうように表記したほうがよいものもあるようです。ところで、ムサクルシイは、「むさい」が仮名書きされるところから、それに釣られてか、多くの国語辞典が漢字表記欄を設けない「むさくるしい」だけの立項となっています。

「暑苦しい」の初出は、平安時代の『天元四年斉敏君達謎合《なぞあわせ》』という謎合わせの「年の内に時を失ふ物とあるは、あつくるしき程なれば、くだものは夏梨《なつなし》と思ふにやあらむ。」です。「夏梨」に暑苦しい夏が無いと掛けて、謎を解いているのでしょうか。「あつくるしい」に「熱苦しい」という漢字表記を併せ載せている国語辞典を見ますが、鉄工所などで、そう言うこともあるのでしょうか。

「重苦しい」の初出は、江戸時代末の『志都の岩屋講本』の「其れを俗の人情ではとかく年寄って重くるしう見える医を信仰するが、」（上）で、重々しく堅苦しい意です。その後も、晴ればれしない陰鬱《いんうつ》な意の用例が続きますが、夏目漱石の『吾輩は猫である』の「丁度夢でうなされる時のような重くるしい感じで、」（二）に至って、ようやく押さえつけられるようで苦しい意の用例を見ることになります。

「堅苦しい」の初出は、江戸時代の洒落本の『交代盤栄記』の「西行桜…此御かた生れ付すこやかにして気しつかたくるしきやうに見へ《ママ》給へども、心ばへ至極座敷に興を催し琴をよくなされ遊びも面白し。」です。態度や人柄のきまじめさをいっています。ブランチがいま一つあって、文字や文章や話し方などに親しみがもてない意へと広がってもいます。

「狭苦しい」の初出は、明治に入ってからで、島崎藤村の『水彩画家』の「室といったら狭苦しい三等。」（二）です。窮屈さをいっていて、肉体的な苦痛などをいうものではありません。その全用例が、部屋や住居の窮屈さをいうものです。ある意味では、心理的な苦痛を表現していることになりましょうか。

「むさくるしい」の初出は、江戸時代の談義本の『当風辻談義』の「上下《かみしも》着て強飯むさく、むさくるしい仕業《しわざ》。」（三・無縁坂の法界寺書状の返詞せし事）です。だらしなくて不潔な様子をいっています。この「むさくるしい」については、虎明本《とらあきらぼん》狂言では「むさい」が用いられていたのが、虎寛本《とらひろぼん》狂言では「むさくるしい」が多く見られるようになった、という報告があります。また、明治以降、「むさ苦しい」という表記が多くなったというように見る向きもありますが、さきに触れたように、現在は「むさくるしい」が多いように思います。

「苦しい」は、複合形容詞の後項として、名詞にも動詞連用形にも付いて、接尾語のように用いられてきています。名詞に付くものとして、「息苦しい」「心苦しい」「胸苦しい」などがあります。動詞連用形に付くものとして、「聞き苦しい」「寝苦しい」「見苦しい」などがあります。これらのなかにも、その「苦しい」を仮名表記したほうがふさわしいと思われるものもあります。

そのような複合形容詞を構成する「苦しい」の働きのなかの一つとして、ク活用系形容詞語幹に付く「苦しい」も存在していたことになります。現在、その「苦しい」に上接するク活用系形容詞語幹は、五単語の語幹に限られます。今回、その五単語の「○○クルシイ」を紹介しました。

アプローチ **97**

「すばやい」と「てばやい」との共通点と相違点など――「手早い」の語義、なお不明

アプローチ33において、「はやい」をどう漢字表記するのが望ましいかについて触れました。「すばやい」も「てばやい」も、単位時間内にどれだけ進捗《しんちょく》したかで、そういわれるのでしょうから、「素速い」「手速い」が望ましいとは思いますが、現在、一般の漢字表記は、「素早い」「手早い」です。

さて、その「素早い」と「手早い」とは、どのような点で共通するのでしょうか。ともに、敏捷《びんしょう》な行動を捉えて描写する形容詞として共通しています。容易に捉えられるところです。さらにいうと、この「素早い」も「手早い」も、連用形の用例が圧倒的に多いということです。そして、その被修飾語に注目したとき、ある傾向が見られるのです。「素早い」は、「素早く逃げ去った。」に見るように、「素早く」が「逃げ去った」など、単純な瞬間動作をいう動詞を修飾するのに対して、「手早い」は、「手早く仕上げた。」に見るように、「手早く」が「仕上げた」など、作業動作をいう動詞を修飾していたのです。重ねて、「手早い」についていえば、「手早く削り取った。」「手早く貼《は》り付けた。」「手早く片付けた。」など、いずれもの被修飾語が作業動作の動詞だったのです。つまり、ここで、「素早い」と「手早い」との相違点が見えてきたことになります。

ここで、「素早い」の「素」と「手早い」の「手」とについて、どう認識したらよいか、確かめてみましょう。「素早い」の「素」は、その情況を強調していう接頭語ですから、「素早い」は、ひたすら早いとでも解したらよいでしょう。それに対して、「手早い」の「手」は、手作業を意味する語素と見たいと思っ

ています。『日本国語大辞典第二版』の「手」の項の語素としての⑩に、形容詞の上に付いて、手や身のもてあつかいについていう「手」が紹介されています。ただ、「手早い」の「手」は、そこには該当しません。既に見てきているように、手作業を意味する語素と見てきています。「手」に引かれる「手痛い」「手ごわい」「手厚い」「手広い」の「手」とは違うのです。

「素早い」の初出は、『玉塵抄《ぎょくじんしょう》』という室町時代の抄物《しょうもの》の「けいはくなかっちらかしの花は素早うさくぞ。」(四〇)です。つまらない花は、他の花より早く咲くということでしょうか。雑俳『柳多留《やなぎだる》』の用例も『和英語林集成』の用例も、それだけでは、意味が見えません。明治に入って、坪内逍遥《しょうよう》の『当世書生《とうせいしょせい》気質《かたぎ》』の「中にも素敏《すばや》き以前の小娘」(二)も、幸田露伴の『五重塔』の「敏捷《すばや》い、敏捷い、流石《さすが》に源太だな。」(二六)も、機転が利く意でしょう。そして、活用形も、連体形と終止形とです。現代語の「素早い」とは違うといっていいでしょう。新しいブランチが、どうしても必要でしょう。

「手早い」の初出は鎌倉時代の『古今著聞集』の「それ程手はやく心剛なるもの、見候はず。」(12四四二)ですが、作業を手際よくする意ではないようです。安土桃山時代の『羅葡日辞書《らぽにちじしょ》』の「Procinctus…tebayaqu(テバヤク)、ハヤクモノヲスル」は、作業する意に関連するようです。ただ、以下の、人情本の『春色恵の花』の「米八は手ばやくはね起て、」(二・九四)にも、二葉亭四迷の『浮雲』の「お勢は手疾《てばや》く寝衣に着替へて床へ這入り、」(一・八)も、作業する意の被修飾語ではありません。「素早く」でもよいような「手早く」です。秦恒平の『蝶の皿』の「林はこういう事を頼んでおきますとなかなか手早い報せを持って参ります男で、」も、連体形「手早い」で、その「手」に手作業する意を読み取ることができません。これまた、「素早い」でよいようにも思えてきました。

アプローチ
98
空腹を訴える「ひもじい」の成立と、現代の用法――女性は「ひもじい」、男性は「ひだるい」の時代も

遠い昔、歌舞伎の『先代萩《せんだいはぎ》』で、乳母政岡《めのとまさおか》が幼君鶴喜代を悪人側の毒害から守る「御殿」の場で、その若君の「侍《さむらい》の子というものは、腹が減ってもひもじゅうない。」という台詞《せりふ》を聞いた覚えがあります。政岡の子の千松が犠牲になって若君は助かることになるのですが、そこで聞いた「ひもじゅうない」は腹が減っていないということでしょうので、その台詞は腹が減っても腹が減っていないということになると思えて、しばらくは辻妻の合わない表現だと思っていました。しかし、その後のある日、その「ひもじい」は腹が減った腹が減ったと訴えることだと理解できて、独り納得したことを記憶しています。

文字化された「ひもじい」の初出は、やはり歌舞伎で、『心中鬼門角』の「お茶づけでも進ぢ《ママ》ませう物　久松　おもしろかろのふ《ママ》。」(上)です。もちろん、この台詞になるまでに、長きにわたって、そのような世界での形容詞として通用していたでしょうから、さらに遡《さかのぼ》った時期が実質的な初出ということになるでしょう。

形容詞化する以前は、「ひもじ」という名詞であり、「ひもじなる(時)」などという用例を見る形容動詞でした。文字詞《もじことば》といわれる女房詞《にょうぼうことば》でした。室町時代初期のころから、宮中に仕える女房といわれる女官たちが使い始めた、一種の隠語が、その女房詞です。そのうちの文字詞は、髪を「か」という文字の付く言葉ということで、「かもじ」といったりする表現法でした。この場合は、「ひだるい」を下略した「ひ」に「文字」を付けた「ひもじ」として成立しました。その「ひもじ」が、江戸時代に入って形

容詞化して「ひもじい」になったと見てよいでしょう。そこで、それまで男女とも用いていた「ひだるい」は男性だけが用いるものとなり、女性の多くが「ひもじい」を用いるようになった時代もありました。歌舞伎の、その鶴喜代の台詞からは、子どもの言葉が周囲の女性の言葉から始まること、まざまざと見えてきました。

「ひもじい」は、その後、「ひもじげ」「ひもじさ」「ひもじがる」など、「げ」「さ」「がる」などの接尾語を下接した用例も見せるようになって、広く男女とも用いるようになって、現在に至っています。

また、「ひもじい時のまずい物なし」という諺《ことわざ》とまでなって、定着しています。

ただ、現代語としては、歌舞伎で用いられる形容詞というような意識で用いる表現ですから、日常語とはいえないでしょう。いつのころからか、「ひもじい思いをした。」とか、「ひもじい思いはするまい。」とか、そういう「ひもじい思いをする」という表現形式ができ上がってしまっているように思えます。

庄野潤三の『薪小屋』の「私の胃袋の方もひもじい思いをするまいという見当をつけて、」は、早くもそうなっている用例でした。

そうでした。現代人が、この形容詞を用いるのは、第二次大戦中の苦しい庶民の食生活を語る時です。「あまりひもじい時、」と言って、芋の蔓《つる》をとか野草とか、時には、赤蛙《あかがえる》を捕《つか》まえてとか、そういうことを語る時の、前置きとして用いているように思います。女官たちの女房詞が、こんな場面にだけ残ることに、因果の不思議さを感じます。

その「ひもじい」は仮名でしか表記されませんが、「ひだるい」は「饑い」と漢字表記されます。漢字好きな鎌倉・室町時代に用いられていたからでしょうか。男性用語となっていたからでしょうか。

アプローチ 99

「やばい」の成立と普及と、その現状と——

感覚と言語との関係破壊／意味拡張を続けて止《とど》まることを知らない暴君

このアプローチ99ほど、不十分なものはありません。立項するかどうか、たいへん悩みました。平成時代から、感覚と言語との結びつきを次々と破壊していく征服者と感じています。この形容詞は、注目されてから、いっそう多くの語義と用法とを拡張して、今後も止《とど》まることを知らない猛威を振るいそうです。清少納言の『枕草子』に見る「をかし」に共通する面もあるでしょうが、そして、「をかし」にも肯定・否定の両面価値評定が見られましたが、「やばい」の否定・肯定の両面価値評定は、その比ではありません。

今では、『日本国語大辞典第一版』（第七刷・一九八〇）や『現代用語の基礎知識二〇〇二年度版』の該当記事、懐しく思い出されます。そして、文化庁が「平成16年度　国語に関する世論調査」（二〇〇四）で、「「とてもすばらしい」という意味で「やばい」と言う。」について「言うか。言わないか。」という設問が設けられたこともありました。いずれも、印象深く記憶しています。

江戸時代末の、滑稽本の『東海道中膝栗毛《とうかいどうちゅうひざくりげ》』に「おどれら、やばなことはたらきくさるな。」（六・上）とあって、形容動詞連体形としての「やばな」の存在が確認されています。その「やばな」の「やば」については、罪人が入れられていた牢屋《ろうや》を「厄場《やくば》」といっていた、その「厄場」の短絡化した「やば」に語尾「だ」を付けて形容動詞化させたものが「やばだ」であるといわれています。「やばな」は、その連体形です。その形容動詞化していたものを、さらに形容詞化して「やばい」が成立したのです。

その語源は、他に幾つかありますが、その一つとして、「夜這《よば》い」が転じたと見る説があります。「夜這い」

といっても、夜、異性の寝所に忍び込むあれではありません。泥坊《どろぼう》（泥棒）が盗みに入るとき、人に気づかれないように這って入った、その「夜這い」が「やばい」になったというのが、そのいま一説です。これが俗説であることは、明らかです。形容動詞から形容詞になるという、日本語史の原則から外れるからです。形容動詞の過程を無視した俗説です。否定しないわけにはいきません。

　犯罪者の隠語に始まる、この「やばい」を、筆者がそれとなく認識したのは、石原裕次郎出演の映画『太陽の季節』（一九五六）から入手して使う人たちからの用例を受けてであったろうと思います。その年は、初任の公立高校の教壇に立った年で、その年、偶然にも講道館に誰かの応援に行っていて、そこに一橋大学の選手たちと一緒にいる作家石原慎太郎を目《ま》の辺《あた》りに見た記憶まで残っています。その初任公立高校での六年間の勤務の間に「やばい」を受けとめていたことは確かです。

　当然、喫煙などで補導される非行生徒から徐々に広まって、どんな危険や不都合が予測される場合にまで用いることになるのか、そう思っていましたら、肯定していう「やばい」が通勤の車中で耳に入ってきました。知らない若者にどういう意味を指していっているのか尋ねたい思い頻《しき》りでしたが、ひたすら耐えたこともありました。普及ではなく、蔓延《まんえん》だと思いながら、「おいしい」ことか、「かっこいい」ことか、探っていました。そのうち、「かわいい」ことだと気づいた日もありました。肯定「やばい」が始まる前に否定「やばい」そのものが、まずい、かっこ悪い、そして、似合っていない意になっていました。気持ち悪い意ともなっていて、そういうことに気づくたびにやばいと感じていました。

　現代の若者たちに、何がそういう表現をさせているのでしょうか。暴君は、誰なのでしょうか。続いて、アプローチ**85**で軽く触れた「エモい」が「やばい」の後を追って、迫ってきていました。

アプローチ100 語末が「じい」となるシク活用系形容詞――「すさまじい」「ひもじい」「むつまじい」

「気がついたら、語末が、「シク」でなく「ジク」でした。」と、生徒さんから言われて、慌《あわ》てたことのある先生、多いと思います。私も、その一人だったように思います。慌てる理由は、もちろん、その語例「すさまじい（凄）」や「むつまじい（睦）」を挙げて、シク活用といってしまっていたからです。「ジク活用ですね。」とでも答えたら、楽しい授業となると思います。しかし、その理由を述べた教授資料は、どこにもありません。

「凄まじい」と「睦まじい」も、アプローチ**69**で取り上げたグループの該当形容詞です。古典語四段活用動詞未然形が語幹となった形容詞です。該当用例があまりにも多いので、そこには引いてありませんが、音韻面から見て最も多いマ音に続く「じい」ということなります。マ行四段活用動詞「凄む」「睦む」の未然形「凄ま」「睦ま」が、それら形容詞の語幹となっています。

その「凄む」は、そこでは止むなくそう表記しましたが、「荒《すさ》む」としなければならなかったでしょう。そして、古典語としては、風などが寒いことをいいましたので、「冷《すさ》まじ」と表記されます。そして、例えば、『源氏物語』に「影冷ましき暁月夜に雪はやうやう降り積む。」（初音《はつね》）と用いられたりしています。そこで、清音「すさまし」とあるのに、また、驚かされます。それが、『日葡辞書』には、「Susamajii（スサマジイ）」〈訳〉寒くて恐ろしい〈略〉Susamaxij（スサマシイ）」とあって、事情が見えてきました。古くは「すさまし」というシクであったものが、安土桃山時代には、シクともジクともいうようになっていたということなのでしょう。この形容詞は、古典語のある段階から物事の不調和な状態に対する不快感を表すようになって、現代に至っています。

「睦まじい」も、古くからある形容詞で、何と驚いたことに、この形容詞も、古典語としては、「睦まし」だったのです。「睦む」というマ行四段活用動詞の未然形「睦ま」に活用語尾「し」が付いて、シク活用形容詞「睦まし」となったものでした。同じ『源氏物語』に、「かく年経ぬる睦ましさに、かばかり見え奉るや、何の疎《うと》ましかるべきぞ。」（胡蝶《こちょう》）とありました。源氏が玉鬘に、こんなに嫌われるのはつらい、と言っているところで、接尾語「さ」を付けて名詞化させている用例です。『日葡辞書』には「Mutsumaxii（ムツマシイ）」とあるだけで、その濁音化用例は見られませんでした。こちらは、少し遅れていたことになりましょうか。

アプローチ**99**で取り上げた「ひもじい」は、女房詞の文字詞から成立した形容詞でした。この「ひもじい」は、成立当初から「ひもじい」でした。「ひ」の付く文字の「文字」から成立したのですから、当然です。現段階での初出は、歌舞伎の『心中鬼門角』でしたから、一七一〇年の宝永七年ということになります。ただ、その「ひもじい」の実際の成立は、それよりも、百何十年か前、いや二百年くらい前からということになりましょう。そして、文献上はまった存在していませんが、髪のことだけでなく入れ髪のこともいう現代の「か文字」の存在を考えると、入れ髪をしたい気持ちを「かもじい」といった可能性も見えてきます。「ひもじい」という文字詞のジクがジク活を誘発したのではないかという、これは、妄説です。「すさまじい」「むつまじい」は、やはり、マ音が何らかの契機となる、音韻上の理由があるのでしょうか。

この機会に、「ジク活用」の命名者について、紹介いたします。三矢重松・清水平一郎の『中等文法教本』（一九一三年）です。単純な事柄ですが、整理をすることが科学への第一歩です。

アプローチ 101

〈名詞＋ク活用系形容詞語幹＋だ〉型形容動詞――「気軽だ」「足早だ」など、大量の該当用例

「足早に歩く」の「足早に」とか、「気軽な人柄」の「気軽な」とかは、それぞれ、一単語の形容動詞の連用形「足早に」とか、同じく一単語の形容動詞の連体形「気軽な」とかいうように認識されます。その「足早に」は、名詞「足」にク活用系の属性形容詞「早い」の語幹「早」が付いたものに活用語尾「に」が付いたものと分析できます。また、「気軽な」も、名詞「気」にク活用系属性形容詞「軽い」の語幹「軽」が付いたものに活用語尾「な」が付いたものと分析できます。ク活用系属性形容詞は、その語幹が新たに形容動詞を生産する要素として活用されている、ということができます。

右に見ましたように、一単語がどのような要素からできているかを分析して捉えることを語構成と呼んで取り扱っています。現代語のなかに、右に見たような〈名詞＋ク活用系属性形容詞語幹＋だ〉型形容動詞は、五十六単語存在します。あるいは、もうちょっとあると見てもよいでしょう。それは、このような要領で、平安時代から多くの形容動詞が生産され、消滅し、また生産されて現在に至っているからです。現代語として認識される範囲は、個人差があり、また一方で、いま、生産過程にあったりするものもあるかもしれないからです。

その平安時代の生産要領は、〈名詞＋ク活用属性形容詞語幹＋なり〉型ということになります。『枕草子』に見る「鶏《にはとり》の雛《ひな》の、足高に、白うをかしげに、衣短《きぬみじか》なるさまして」（一四五）の「足高なり」「衣短なり」は、それぞれが、一単語の形容動詞となっています。足が長いことを一単語に、着物を短く着

ている様子も一単語にしていたのです。その平安時代の和文には、そのような形容動詞が二十六単語存在しました。そのほかに、「靡《なび》きやすなり」などのような〈動詞連用形＋ク活用属性形容詞語幹＋なり〉型もありました。アプローチ**80**に引いた「待ち遠なり」も、そのうちの一語でした。接頭語を冠した「生悪《なまわろ》なり」などもありました。

　奈良時代には、まだ形容動詞があまりは存在していませんでした。しかし、『万葉集』には、「島伝ふ足速《あばや》の小舟《をぶね》風守り年はや経《へ》なむ逢《あ》ふとはなしに」（七一四〇〇）や「…末の珠名《たまな》は胸別《むなわけ》の広き我妹《わぎも》腰細《こしぼそ》のすがる娘子《をとめ》の…」（九一七三八）が見られます。その、「足速」は、足が速いことであり、「腰細」は腰が細いことです。名詞にク活用形容詞の語幹が付いた語構成は、既にそこに現れていたことになります。

　平安時代に形容動詞の語構成法の一種類として定着した〈名詞＋ク活用属性形容詞語幹＋なり〉型は、その後、鎌倉時代・室町時代・江戸時代と明治・大正時代とを経て、昭和・平成時代を含めた現代語として、生成と消滅とを繰り返しています。『万葉集』に見る「足速《あばや》」の「足《あ》」は、足《あし》の古語です。奈良時代としても古語だったでしょう。「足速」で、走ることが早い意で用いられています。現代語の「足《あし》早《ばや》だ」は、直接的ではありませんが、その現代語版といっていいでしょう。「気軽だ」の「気」は一字漢語です。それが、一字漢語の「円高《えんだか》だ」を生み、さらには、カタカナ外来語とク活用系形容詞の語幹とを結びつけた「ドル安だ」を生むことにもなっています。

　身の回りの、このような表現、拾ってみてください。「幅広なネクタイ」の「幅広な」や「身重な妊婦」の「身重な」などです。探してみてください。

アプローチ **102**

形容詞語幹を用いたマ行下一段活用動詞——「高める」「広める」「深める」／「苦しめる」など

ク活用系属性形容詞「高い」「広い」「深い」の語幹を、そのまま語幹とする動詞というと、マ行下一段活用の「高める」「広める」「深める」ということになります。その古典語形「広む」は、『源氏物語』にも見られますが、『大鏡』には「歌など書き集めて、かげろふの日記と名づけて、世にひろめ給へり。」（四・兼家）とあって、普及させる意の用例が見られます。古典語「深む」は、『万葉集』に「…奈呉《なご》の海の奥《おき》を深めてさどはせる君が心のすべもすべなさ」（18四一〇六）とあって、奈呉の海の奥底にまでと表現するのに用いて、お考え違いをなさった君の心のどうしようもないことよ、と詠んでいます。それら他動詞「高める」「広める」「深める」は、それぞれのある段階から、自動詞「高まる」「広まる」「深まる」を生み出すことにもなります。

対義語という視点から見たところ、「低い」「狭い」がマ行下一段動詞化した「低める」「狭《せば》める」には存在するが、「深める」の対義語は存在しません。また、ここで「狭《せま》し」の他動詞形が「狭《せば》める」だけであったことに気づかされます。「深める」は江戸時代から、「狭める」は南北朝時代から、この用例が見られます。自動詞化した「深まる」も「狭《せば》まる」も存在します。「狭《せば》める」「狭《せば》まる」である理由は、セマにマ行音が続くことを避けたためか、セバが古形であってセマが変化した音であってそれ以前にマ行下二段活用動詞化していたためか、その判断には悩まされますが、前者と見ておきたいと思います。「浅い」のマ行下一段活用動詞化用例は、まったく見ることができません。しかし、古典語としては、マ行四段活用自動詞「浅む」もマ行四段活用他動詞「浅む」も存在していました。ただ、属性をいうものではなく、あきれる意とあきれたと思って軽蔑する意とになっていました。

　ク活用系形容詞「暖かい」は、語幹を同じくして形容動詞「暖かだ」としても用いられています。その形容詞・形容動詞の語幹の一部を語幹にした、マ行下一段活用他動詞として「暖める」が存在します。平安時代初めに成った『新撰字鏡《しんせんじきょう》』という漢和字書に「暖　阿太々牟《あたたむ》」とありました。よく知られた用例としては、『平家物語』の「酒あたためてたべける薪《たきぎ》にこそしてんげれ。」（六・紅葉）を挙げることができます。もちろん、その自動詞形「暖まる」も存在します。「暖かい」の類義語「温《ぬく》い」のマ行下一段活用他動詞化した「温める」も、江戸時代初めから見られます。その自動詞化した「温まる」も存在します。「温《ぬく》い」を「温《ぬく》とい」ともいったところから、「温《ぬく》とめる」も「温《ぬく》とまる」も存在します。

　シク活用系形容詞であっても、マ行下一段活用他動詞化したものに、「苦しい」の古典語「苦《くる》し」から生まれた「苦しめる」があります。ただ、この「苦し」は、恐らくは、それに先立って、古典語の早い時代に、マ行四段活用自動詞「苦しむ」を派生させていたであろうと思えます。現代語としては、マ行五段活用となって用いられています。それに対して、「苦しめる」は、マ行下二段活用他動詞「苦しむ」として、マ行四段活用自動詞「苦しむ」に対応する意識で用いられ始めたのでしょう。『源氏物語』には一例、用例を見ます。よく知られた用例としては、『徒然草』の「養む飼ふものには、馬、牛。繋《つな》ぎ苦しむるこそいたましけれど、なくてかなはぬものなれば、いかがはせん。」（一二一）があります。「苦し」までが語幹ということになりましょうか。

　アプローチ**69**・**70**で見てきたように、動詞から生まれた形容詞はたくさんありました。それらに対して、形容詞から生まれた動詞もありました。ここでは、その幾つかの用例について確かめました。

アプローチ 103

シク活用系形容詞古典語終止形に「の」を付けた連体修飾語――「懐かしのメロディー」の「懐かしの」／「麗《うるわ》しのメッチェン」の「麗しの」など

「懐かしの昭和メロディー」は、二〇〇八年から開始されたテレビ東京の音楽番組名でした。その「懐かしの」は、現代語でいえば形容詞「懐かしい」の連体形「懐かしい」といってもいいし、ちょっと古めかしい感じを出させるなら、古典語の連体形「懐かしき」を用いてもいいでしょう。どうして、古典語の終止形に相当する「懐かし」に連体格を表す格助詞「の」を付けた形を用いているのでしょうか。そう思っていると、「懐かしの乗用車」とか「懐かしのアイドル」とかも、耳にすることがありました。

遠い昔ですが、ドイツ語の先生が「麗《うるわ》しのメッチェン」と言っていたのが思い出されてきました。「麗しいメッチェン」でも「麗しきメッチェン」でもいいのに、それなら、ちゃんとした連体形であるのに、どうしてその連体形ではない表現をするのか、その悩みはどんどん膨《ふく》らんで、「うるわしの」で検索すると、「うるわしの宝石」とか「うるわしの宵の月」とかが、幾つも出て来ました。

「懐かしの」も「麗しの」も、その形容詞は、「懐かしい」「麗しい」というシク活用系形容詞です。どうしてシク活用系なのか、そう思っているうちに、高校の同窓会で、「懐かしの君」とか「麗しの君」とか言っていたことが思い出されてきました。気づかないうちに、そう言っていたのです。

「美し森」という所もありますが、「美しの森」という所もありました。どこと特定しないで、日本の「美しの森」といっていることもあるようです。地名ならまだしも、特定されない「美しの森」の「美しの」は、どう解したらよいのでしょうか。とにかく、これも、シク活用系の「美しい」でした。

そうこうしているうちに、古典文のなかの用例が思い出されてきました。『徒然草』の「和歌こそ、なほをかしきものなれ。あやしのしづ・山がつのしわざも、言ひ出《い》でつれば、おもしろく、…。」（一四）の「あやしの」です。和歌は趣の深いもので、身分の低い賤《いや》しい者や山の樵夫《きこり》などのすることも、歌に表現してしまえば趣がある、といっているところです。その「あやしの」は、身分が低い意の「あやし」の終止形に相当し、それに「の」が付いて、「あやしき」と同じ働きとなっています。これも、シク活用でした。

ところが、『落窪物語』には、「「あな暗《くう》のわざや。人ありと言ひつるを。はや往《い》ね。」と言ふ声もいみじくいとあてはかなり。」（一）とあったのです。少将が姫君を垣間見《かいまみ》した直後、その気配《けはい》をあこぎの恋人の帯刀《たちわき》とでも思ったのか、落窪の姫君があこぎに言った会話文のなかの用例です。「暗き」に相当する「暗の」です。これは、ク活用「暗し」の語幹の「暗」に「の」が付いたものです。さらに、「「あな、おそろしのことや。」とて、誰も誰も笑ふ」（一）とあって、中納言邸で、その一家が石山詣《いしやまもう》での留守中、こっそり食事していて、あこぎが北の方からの門出のお祝いだと言ったのに対して、帯刀が北の方のお情けなんて、いやはや怖いことよ、と言っているところです。これも、シク活用「おそろし」の、終止形と見てよいでしょうか。いや、終止形相当形でしょう。シク活用という分類をしなければ、語幹ということになるでしょう。とにかく、それに「の」が付いて連体修飾語となっている用例です。

形容詞の連体修飾語用法には、古典語の時代から、終止形相当形に連体格の格助詞「の」を付けて表現することがあったのです。時には、ク活用系形容詞のこともありましたが、それは例外的なもので、その傾向の見られるのは、大方がシク活用形容詞でした。現代語のなかに見るその用例は、「懐かしのメロディー」「麗しのメッチェン」のようなものに限られるといっていいでしょう。

アプローチ 104

形容詞の丁寧表現二形式——「お早うございます」と「嬉しいです」と

感動詞「おはよう」は、「お早《はよ》うございます。」の「ございます」が省略されたものと見てよいでしょう。もちろん、本来は「（お）早く」であったものがウ音便化して、「（お）早《はや》う」となり、「（お）早《はよ》う」というように発音が変化したものです。そこから、「お…ございます」という表現形式が形容詞の丁寧表現を構成していると見えてきます。「お美しゅうございます。」とも「悲しゅうございます。」ともいって、丁寧表現化できます。「お早う」の「お」は丁寧語であり、「お美しゅう」の「お」は尊敬語であり、「悲しゅう」には「お」がありませんが、「早う」「美しゅう」「悲しゅう」は、いずれも形容詞連用形ウ音便です。続く「ございます」は、補助動詞「ある」の意の丁寧表現としての「ございます」と見られます。

この表現形式は、古く、平安時代の、例えば『枕草子』に見る「姫君の御前の物は、例のやうにては、にくげにさぶらはむ。〈略〉ちうせい高坏《たかつき》などこそよくはべらめ。」（六）などに始まります。「大進生昌《なりまさ》が家に」の段で、ここは、女房たちが、中宮定子の姫君である脩子内親王のお食膳は、「小《ちい》さき」の学《がく》生《しょう》なまりを用いて、「ちゅうせい」高坏などがよいでしょう、と言っているところです。「よくはべらめ」の「はべら」を丁寧でない「あら」に言い換えると、「よからめ」となるところで、この「はべり」は、補助動詞「あり」の丁寧語としての補助動詞ということになります。

この「はべり」は、次の鎌倉時代には、多くが「さぶらふ」となり、さらに下ると、「ござる」となり、現代語としては「ございます」になっているのです。現代語訳としては、〈ようございましょう〉が望ましいこととなります。既に、そうも記しているように、〈よいでしょう〉でもいいでしょう。

さて、本書のアプローチ**26**において、「親切にしてくださって、嬉しいです。」という、お礼の表現を引いています。その、「嬉しいです」は、形容詞の終止・連体形「嬉しい」に、断定の助動詞「だ」の丁寧体「です」が付いたものと見ることができます。さきの「よくはべらめ。」の第二訳「よいでしょう」の「よいです」も、形容詞の終止・連体形「よい」に断定の助動詞「だ」の丁寧体「です」が付いている表現で共通します。その表現は、形容詞の丁寧表現のいま一つの表現形式といっていいでしょう。

この表現形式は、助動詞「です」の成立から見ても、新しいことが明らかです。諸説ありますが、とにかく普及するのは、明治になってからといってもいいでしょう。その「です」は、断定の意を表すところからも、名詞に付くのが接続の原則でした。動詞や形容詞の終止・連体形に接続するのは、さらに時代が下ってからということになります。もちろん、現代語としては、「長いです。」「深いです。」「喜ばしいです。」「寂しいです。」など、形容詞の終止・連体形「です」を付けての丁寧表現化が定着しています。ただ、その場合の「です」については、断定の意はなくなっていて、もっぱら丁寧の意を添えるための助動詞となっているものとも見られています。確かに、それらの「です」に断定の意は感じ取れません。

形容詞の丁寧表現として、その表現形式は、右に見てきたように二形式存在することになりますが、形容詞の丁寧表現そのものが、どの形容詞についても見られるということではありません。日常生活を振り返ってみると、「おはようございます。」「ありがとうございます。」以外は、極めて稀《まれ》にしか見られません。また、形容詞の終止・連体形に「です」を付けた表現は、近年は、他の表現に言い換えられてきてもいるようです。

アプローチ 105 形容詞の尊敬表現の発生と現在——「お美しい」の「お」／「お美しくていらっしゃる」と「お美しくいらっしゃる」と

形容詞に「御」を冠した表現は、早く鎌倉時代末に現れました。その用例は、後深草院《ごふかくさいん》二条《にじょう》と呼ばれる女性の日記『とはずがたり』に現れました。「御所ざまへも「御いたはしければ、御使ひな賜ひそ。」と申したれば、」（二）とあって、御所のほうへも、侍女たちが「お労《いた》わしいので、お使いを下さいませんよう。」と申し上げたので、というところです。現代語「いたわしい」は、「痛わしい」と漢字表記してもよく、気の毒だといってもよいでしょう。この作品には、ここ以外にも、「御」を冠した形容詞が見られて、日本語史のうえでも注目される現象です。

右の用例からも、その「御」は尊敬語の接頭語と判断されます。その現代語訳「お労わしい」の「お」も、当然、尊敬語の接頭語であることが明らかです。アプローチ104において引いた「お美しゅうございます。」の「お」は、尊敬語か丁寧語か、判断に悩むところですが、その「御いたはしければ、」という用例と「お早うございます」という表現とから、形容詞に冠せられている「お」が、尊敬の意から丁寧の意へと移ってきていることが感じ取れましょう。

現代語としては、そのような「お」を上に冠したうえで、下に「ていらっしゃる」を付けて、「お美しくていらっしゃる」という尊敬の表現が構成されます。さらに、「お労わしくていらっしゃる。」など、シク活用系形容詞はもちろん、「(お力が)お強くていらっしゃる。」「(知識も教養も)お深くていらっしゃる。」など、ク活用系形容詞にも、その用例を見ます。形容詞連用形の上に「お」を冠し、下に「ていらっしゃる」を添える、この表現形式は、一定の定着を見せています。
ただ、この表現形式「お○○ていらっしゃる」のなかに入れることのできる形容詞連用形は限られます。ク活用系形容詞もシク活用系形容詞も、いずれも入りますが、語義の面で、入るものが限られるのです。大方の傾向として、対話者や第三者の長所を評価していう形容詞でなければ、その該当形容詞とはならないということです。

さて、そこに見る「ていらっしゃる」の「いらっしゃる」という尊敬動詞は、「ている」の「いる」という補助動詞の尊敬体を表す補助動詞ということになりましょうか。それが穏やかな見方のように思いますが、時に、「美しい」など、いっそう限られた形容詞については「お美しくいらっしゃる。」のように、接続助詞「て」を介することなく連なって用いられます。そうなると、その無敬表現は「美しくある。」となるでしょうので、補助動詞「ある」の尊敬体としての補助動詞ということになるでしょう。それぞれの「いらっしゃる」が、「ある」の尊敬体なのか、「いる」の尊敬体なのかは、はっきりそう見てよいでしょうが、どちらが先行するかは、どうともいえないのです。

人情本『花筐《はながたみ》』(1841年)には、「マア御機嫌よくって入らっしゃるのでございませうネ。」(五・二六回)とありました。接続助詞「て」を介在させています。明治になってからですが、新聞記者でも小説家でもあった村井弦斎《げんさい》という作家の『小猫』(1891～92年)に、「貴方《あなた》は何でも海の事にお委《くわ》しく被在(いらっしゃる)が、」(鮫《さめ》の餌食《えじき》)とあったのです。こちらは、その「て」を介在させていません。

現存する文字化された資料からは、「お○○ていらっしゃる」のほうが先行していますが、接続助詞「て」の介在する一般的傾向からは、「お○○いらっしゃる」のほうが先に現れたように思えます。いずれにしても、形容詞の尊敬表現は、こういう表現形式をもって表現されるということ、認識したいと思います。

形容詞の活用表

現代語

種類	語例	語幹	未然形	連用形	終止形	連体形	仮定形	命令形
ク活用系	早い	はや	かろ	かっ く	い	い	けれ	○
シク活用系	美しい	うつく し	かる	かっ く	い	い	けれ	○

古典語

種類	語例	語幹	未然形	連用形	終止形	連体形	已然形	命令形
ク活用	早し	はや	から く	かり く	し	かる き	けれ	かれ
シク活用	美し	うつく	しから しく	しかり しく	し	しかる しき	しけれ	しかれ

形容動詞の活用表

現代語

種類	語例	語幹	未然形	連用形	終止形	連体形	仮定形	命令形
ク活用	静かだ	しずか	だろ	だっ で に	だ	な	なら	○
	静かです		でしょ	でし	です	です	○	○
タリ活用	現代語にはない							

古典語

種類	語例	語幹	未然形	連用形	終止形	連体形	已然形	命令形
ナリ活用	静かなり	しづか	なら	なり に	なり	なる	なれ	なれ
タリ活用	堂堂たり	だうだ う	たら	たり と	たり	たる	たれ	たれ

動詞の活用表

現代語

種類	行	語例	語幹	未然形	連用形	終止形	連体形	仮定形	命令形
五段	カ	書く	か	か・こ	き・い	く	く	け	け
	ガ	漕ぐ	こ	が・ご	ぎ・い	ぐ	ぐ	げ	げ
	サ	増す	ま	さ・そ	し	す	す	せ	せ

古典語

種類	行	語例	語幹	未然形	連用形	終止形	連体形	已然形	命令形
四段	カ	書く	か	か	き	く	く	け	け
	ガ	漕ぐ	こ	が	ぎ	ぐ	ぐ	げ	げ
	サ	増す	ま	さ	し	す	す	せ	せ

	ラ	ある	あ	ら・ろ	り・つ	る	る	れ	れ
	ナ	死ぬ	し	な・の	に・ん	ぬ	ぬ	ね	ね
	ラ	蹴る	け	ら・ろ	り・つ	る	る	れ	れ
下一段	タ	捨てる	す	て	て	てる	てる	てれ	てれ・てよ
	ダ	出る	(で)	で	で	でる	でる	でれ	でろ・でよ
	ナ	尋ねる	たず	ね	ね	ねる	ねる	ねれ	ねろ・ねよ
上一段	マ	見る	(み)	み	み	みる	みる	みれ	みろ・みよ
	ヤ	射る	(い)	い	い	いる	いる	いれ	いろ・いよ
	ワ	居る	(い)	い	い	いる	いる	いれ	いろ・いよ
	ア	強いる	し	い	い	いる	いる	いれ	いろ・いよ
	バ	滅びる	ほろ	び	び	びる	びる	びれ	びろ・びよ
	ア	悔いる	く	い	い	いる	いる	いれ	いろ・いよ
カ変	カ	来る	○	こ	き	くる	くる	くれ	こい
サ変	サ	する	○	し・せ・さ	し	する	する	すれ	しろ・せよ
	(ザ)	信ずる	しん	(ぜ・じ)	(じ)	(ずる)	(ずる)	ずれ	じろ・ぜよ

ラ変	ラ	あり	あ	ら	り	り	る	れ	れ
ナ変	ナ	死ぬ	し	な	に	ぬ	ぬる	ぬれ	ね
下一段	カ	蹴る	(け)	け	け	ける	ける	けれ	けよ
下二段	タ	捨つ	す	て	て	つ	つる	つれ	てよ
	ダ	出づ	い	で	で	づ	づる	づれ	でよ
	ナ	尋ぬ	たづ	ね	ね	ぬ	ぬる	ぬれ	ねよ
上一段	マ	見る	(み)	み	み	みる	みる	みれ	みよ
	ヤ	射る	(い)	い	い	いる	いる	いれ	いよ
	ワ	居る	(ゐ)	ゐ	ゐ	ゐる	ゐる	ゐれ	ゐよ
上二段	ハ	強ふ	し	ひ	ひ	ふ	ふる	ふれ	ひよ
	バ	亡ぶ	ほろ	び	び	ぶ	ぶる	ぶれ	びよ
	ヤ	悔ゆ	く	い	い	ゆ	ゆる	ゆれ	いよ
カ変	カ	来(く)	○	こ	き	く	くる	くれ	こ・こよ
サ変	サ	為(す)	○	さ	し	す	する	すれ	せよ
	(ザ)	信ず	しん	ぜ	じ	ず	ずる	ずれ	ぜよ

お詫びとお願い

本書は、辞典ではありません。触れることのできなかった形容詞もたくさんあります。残念に思いますが、アプローチを105までで一旦止めることにした一冊が本書であるとお受けとめください。

日本語の形容詞たちには、どんな傾向があるか、どんな現象で見せるか、そういう視点で思いつくまま書き進めたのが本書です。ですから、時には、重複するように見えるところもありますが、それぞれ、別々の組み合わせのなかに含まれています。その組み合わせのなかで、再確認してください。

時々、語源にも触れていました。語源には、その見えてくるものと、そうでないものとがあります。その見えてくる語源というのは、「冷たい」の「爪痛し」あたりまでのところです。そういう、確かな意外性にお気づきいただけるような解説に努めました。

引用した用例のうち、殊に古典の作品や辞典資料等については、それぞれの典拠が見えてくるような紹介を、極力、前後に加えるよう努めました。それぞれの形容詞の語義変化の理由は、容易には見えてきません。言語を取り巻く社会がそうさせてきたのでしょう。

動詞を始め、他の品詞からつくられた形容詞や、形容詞から生み出された他の品詞の単語も、けっこうありました。それらについては、限られた用例で、その言語現象を説明したので、理解しにくい表現となってしまったこと、お許しください。

この一冊が、この時代の厳しい市場にどの程度お認めいただけるかによって、〈大人の単語帳〉の今後を考えようと、三武義彦社長ともども、そう考えております。どうぞ、よろしくお願い申し上げます。

令和三年三月三十一日　　著者　中　村　幸　弘

索　引

本索引は、本書のなかで意識して取り立てている**現代語形容詞**が各アプローチのどこにあるかを示したものです。ただ、方言としての語形を引いたものや、語形変化の過程にあるものについては、その対象から外してあります。また、アプローチ101から105までについては、現代語形容詞そのものを取り立てたところではありませんので、同じく対象から外しました。

ア行

カ行

サ行

タ行

ナ行

ハ行

マ行

ヤ行

ワ行

著者紹介

中村幸弘（なかむら ゆきひろ）

昭和８(1933)年、千葉県生まれ。國學院大學文学部文学科卒業後、昭和31(1956)年から15年間、千葉県立佐原第一高校・同県立大原高校・國學院高校に教諭として勤務。昭和46(1971)年、國學院大學専任講師・助教授・教授を経て、平成16(2004)年、定年退職。博士(文学)・國學院大學名誉教授。続いて弘前学院大学教授の後、平成19(2007)年から令和３(2021)年まで國學院大學栃木短期大學教授(学長)を務めた。教育現場時代から辞書・教科書等の編集に協力し、『ベネッセ表現読解国語辞典』『ベネッセ古語辞典』『ベネッセ全訳古語辞典』編者、『旺文社国語辞典』『学研古語辞典』編集委員、右文書院・旺文社・文英堂高等学校教科書編者、学校図書中学校教科書編集委員など。

著書は、『補助用言に関する研究』（右文書院）『『倭姫命世記』研究――付訓と読解――』『和歌構文論考』（新典社)、国語科教師・一般読者向け著作として、『先生のための古典文法Ｑ＆Ａ100』『古典文の構造』『古典敬語詳説』『現代人のための祝詞』『『直毘霊』を読む』『『古語拾遺』を読む』『日本語どうしてＱ＆Ａ100』『学校で教えてきている現代日本語の文法』『現代文で解く源氏物語』『ものぐさ故事名言』『読んで楽しい日本の唱歌Ⅰ・Ⅱ』『読んで楽しい日本の童謡』『日本国憲法の日本語文法』『続・先生のための古典文法Q&A101』『“する”という動詞のQ&A103』『“ある”という動詞のQ&A104』（以上、右文書院)、『読みもの日本語辞典』『難読語の由来』（以上、角川文庫)。『古典語の構文』（おうふう)、『日本古典　文・和歌・文章の構造』『漢文文型　訓読の語法』（以上、新典社）など。

日本語の形容詞たち

令和三年五月二〇日　印刷
令和三年五月三〇日　発行

著者　中村幸弘
装幀者　鬼武健太郎
　　　　黒田萌
発行者　三武義彦
印刷・製本　㈱文化印刷
岩手県宮古市松山五―一三―六

〒101-0062　東京都千代田区神田駿河台一―五―六
発行所　株式会社　右《ゆう》文《ぶん》書《しょ》院《いん》
振替　〇〇一二〇―六―一〇九八三八
電話　〇三（三二九二）〇四六〇
FAX　〇三（三二九二）〇四二四

＊印刷・製本には万全の意を用いておりますが、万一、落丁や乱丁などの不良本が出来いたしました場合には、送料弊社負担にて責任をもってお取り替えいたします。

ISBN978-4-8421-0817-9 C0092

（本文用紙）ラフクリーム琥珀〈42.5〉キロ